Peter Schmidt

Scanning
Neue Mentaltechniken gegen
emotionalen Stress

ISBN-13: 978-1500546083
ISBN-10: 1500546089
CreateSpace, North Charleston

Peter Schmidt

Scanning

Neue Mentaltechniken gegen emotionalen Stress

Überarbeitete Neuausgabe
der Erstauflage im Beluga New Media
Verlag, Herten

*Schneller als jemals zuvor emotionale
Probleme in den Griff bekommen?*

Scanning ist die neueste Entdeckung aus der „Werkstatt der Psychologie der Emotionalen Intelligenz", um negative Ge- fühle zu verringern und positive Erfahrungen zu verstär- ken.

Wenn Sie nach effektiven Methoden psychischer Verände- rung suchen, dann wird Ihnen mit Scanning eine einfache, jeder Zeit einsetzbare hochwirksame Technik zur Verfü- gung gestellt – und das ohne den oft wirkungslos bleiben- den Versuch, einfach nur positiv zu denken.

Es geht tatsächlich – dank neuer Einsichten der Gefühlspsychologie – probieren Sie es aus!

ÜBER DEN AUTOR

Peter Schmidt, geboren im westfälischen Gescher, Schriftsteller und Philosoph, studierte Literaturwissenschaft und sprachanalytische und phänomenologische Philosophie mit Schwerpunkt psychologische Grundlagentheorie an der Ruhr-Universität Bochum.

Peter Schmidt hat mehrere Bücher zum Thema Stressabbau, Umgang mit belastenden Emotionen und Bewertungen, Burnout und mentale Leistungssteigerung veröffentlich. Seine ständig weiter präzisierten Mentaltechniken werden bereits vielfach in der Therapie (u.a. Psychotherapie, Logopädie, Psychiatrie und Musikpädagogik) eingesetzt.

Inhalt

Leer ist jenes Philosophen Rede,
durch die keine Leidenschaft
des Menschen geheilt wird.

EPIKUR

Vorwort

Scanning ist die neueste Entdeckung aus der „Werkstatt der Psychologie der Emotionalen Intelligenz", um negative Gefühle zu verringern und positive Erfahrungen zu verstärken. Wenn Sie nach effektiven Methoden psychischer Veränderung suchen, dann wird Ihnen mit Scanning eine einfache, hochwirksame Technik zur Verfügung gestellt, die ausschließlich natürliche Mittel einsetzt.

Scanning verdankt seine Entstehung einer Erfahrung völlig nicht-esoterischer Art, frei von Glauben und Ideologien – der Entdeckung zunehmender innerer Freiheit und Leichtigkeit, die jeder machen kann, wenn er sich eine Zeit lang systematisch nach innen wendet, ohne sein Inneres zu manipulieren.

Um Scanning zu praktizieren, benötigt man keine Hilfsmittel wie Suggestionen, Formeln, Mantras oder Imaginationen. Wir müssen auch nicht in uns nach dem Absoluten oder geheimnisvollen Kräften oder „Feldern" suchen. Niemand hindert uns daran, dies in anderen Übungen zu tun. Scanning ist nichts anderes, als „man selbst zu werden" – das zu werden, was man nach dem gegenwärtigen Zustand seines eigenen Nervensystems ist.

Um die inneren Klippen zu „umschiffen", genügt es völlig, ein wenig unser Wissen über Gefühle, Emotionen, Stim-

7

mungen, Empfindungen, Werterfahrungen und Werturteile zu vertiefen.

Die Entwicklung von Scanning war erst möglich dank tiefer gehender Erkenntnisse der Gefühlspsychologie. Für Scanning gibt es kein Vorbild in der Geschichte der Mental-techniken. Scanning könnte ähnlich populär werden wie Autogenes Training und Progressive Muskelentspannung – vorausgesetzt, man lernt mit Scanning nicht nur eine isolierte mentale Technik, um sich zu entspannen und mentalen Stress abzubauen, sondern vertieft zugleich sein Wissen über das, was man heutzutage „Emotionale Intelligenz" nennt.

Es ist denkbar, dass Scanning schon bald wegen seiner überragenden Möglichkeiten einen Siegeszug um die Welt antreten wird. Oder sagen wir vorsichtiger: *im wohlverstan-denen Eigeninteresse aller eigentlich „sollte".* Denn Scanning ist so etwas wie eine Revolution auf dem Gebiet der Mental-techniken.

Scanning erfordert allerdings eine vorurteilslose Einstellung – die Fähigkeit, seine Überzeugungen, seine Gefühle und Bewertungen einmal versuchsweise für die kurze Zeitspanne der Übung als das stehen zu lassen, was sie sind: *Gefühle, Überzeugungen und Bewertungen.*

1 Was ist und was kann Scanning?

Scanning entschärft gedankliche und emotionale Probleme. Scanning macht Sie gewappneter für Stressbelastungen. Mit Scanning erholen Sie sich schneller. Scanning verschafft Ihnen neue Kraft, Konzentration und Wachheit. Scanning steigert Ihre kreativen Fähigkeiten. Scanning macht glücklicher!

Scanning ist eine neue Methode, um negative Gefühle und Gedanken zu beherrschen und positive Erfahrungen zu verstärken. Wir werden weniger nervös, weniger ängstlich, weniger empfindlich. Konzentration und Klarheit nehmen zu. Als Autor und Mentaltrainer weiß ich aus langjähriger Erfahrung, dass auch die Kreativität zunimmt. Dies dürfte damit zu tun haben, dass wir störende Spannungen abbauen und dadurch leichter auf unsere natürlichen Kräfte zugreifen.

„Scanning" ist als Begriff abgeleitet von englisch: *scanning* – also „Untersuchung", „Abtastung" und „scan", auf Deutsch „scannen": mit einem Scanner abtasten. Wir kennen alle die modernen Scanner in der Medizin: Ein Kernspintomograf (MRT) fertigt in kürzester Zeit Schichtaufnahmen von jedem Körperteil an, ohne in den Körper eindringen zu müssen. Er nutzt dabei die sogenannte *kernmagnetische Resonanz*.

Beim *mentalen Scanning* sind wir unser eigener Scanner – Wir tasten uns selbst ab! Objekt des Abtastens ist unser Innenleben, also das, was wir wahrnehmen, wenn wir die Augen schließen. Sie brauchen dazu weder Therapeuten noch Guru, wie übrigens auch keine spektakulären oder esoterischen Überzeugungen oder einen Wandel Ihrer Weltanschauungen. Scanning hat den große Vorzug, dass man nicht einmal an die Methode glauben muss.

Mit einiger Übung vollzieht sich der Prozess des Scannens

fast genauso automatisch und leicht, als seien Sie an ein medizinisches Gerät angeschlossen. Ihre Erfahrungen und Eindrücke beim Scanning mögen stark oder schwach sein, überwältigend oder langweilig – was Sie selbst tun, ist leicht und mühelos, unkonzentrativ. Ihre Haltung ist eher „unschuldig" wahrnehmend als zielgerichtet.

Nachdenken, Konzentration und Anstrengung würden Scanning nur behindern

Dabei bleiben immer *Sie* der Initiator! Sie haben jederzeit die Kontrolle. Doch was sich beim Scanning zeigt, bleibt Ihrem Nervensystem überlassen, dem natürlichen Spiel der Kräfte. Scanning so etwas wie ein „Spiegel des gegenwärtigen Zustands unseres Nervensystems". Wegen seiner Leichtigkeit und Mühelosigkeit ist Scanning gerade auch für Nervöse geeignet.

Man könnte Scanning als eine Form von Meditation bezeichnen

Aber genau genommen gleicht es keiner der bekannten Meditationstechniken, sieht man von geringfügigen Ähnlichkeiten ab, die schon seit den Anfängen der Meditation bekannt sind. Denn Meditation setzt immer ein Meditationsobjekt voraus: ein Mantra, ein Bild (z.B. ein Mandala), einen Gedanken, eine Formel, Konzentration auf Muskelentspannung, die Suggestion von Armschwere oder Wärme, eine anschaulich vorgestellte Situation – nicht so Scanning.

Man kann sagen, Scanning ist so etwas wie eine andere, alternative, sehr erholsame „Lebenshaltung", in die Sie sich aus dem Alltagsstress, dem Tohuwabohu Ihrer Alltagsprobleme begeben.

Scanning ist die natürlichste Mentaltechnik der Welt

Scanning nutzt keinerlei fremde Objekte wie Mantras oder Suggestionen. Im Autogenen Training werden beispielsweise Vorstellungen als Suggestionen eingesetzt, z.B. „Rechter Arm schwer". Das führt durchaus zum Erfolg, aber manche Menschen haben eine Abneigung gegen solche „künstlichen" Anweisungen, sie bevorzugen einen natürlichen Weg, wie z.B. die Hinwendung auf den Atem. Und bei hohem Stresspegel oder wenn man – wie man früher zu sagen pflegte – etwas „neurotisch" ist, kann es sein, dass der gewünschte Effekt zunächst einmal auf sich warten lässt - oder dass stattdessen der linke Arm schwer wird ...

Scanning dagegen schaut, eben nach Art eines Scanners, was sich aktuell von selbst einstellt, wenn wir in einer bestimmten, klar definierten Haltung nach innen blicken. Hier vorab einige dieser Regeln:

> *Wir erwarten nichts*
> *Wir sehen nicht mehr weg*
> *Wir schauen an, was sich zeigt*
> *Wir nehmen es wie es kommt*
> *Wir versuchen nicht zu verändern*
> *Wir haben keine weitere Absicht als Scanning*

Scanning ist so einfach, weil es vor allem in der Inaktivität des Übenden besteht! Man enthält sich weitgehend seiner Urteile, und hier vor allem auch seiner Bewertungen.

Wenn Scanning dabei leichter als andere Methoden in die „eigene Mitte" führt, liegt dies an der erst kürzlich entdeckten Besonderheit unseres Bewusstseins, dass die Intention auf beliebige Körperempfindungen mühelos Achtsamkeit ermöglicht (im nächsten Kapitel wird darauf noch genauer eingegangen).

Scanning ist auch eine ausgezeichnete Vorbereitung der Psychotherapie, z.B. der Verhaltenstherapie und Gesprächstherapie. Darüber hinaus lässt sich Scanning sehr effektiv mit allen anderen Entspannungstechniken und Meditationsformen *kombinieren*.

So ist z.B. die Ruhe und Konzentration, an der es stressgeplagten Übenden in den ersten Sitzungen des Autogenen Trainings oft mangelt („Schwereübung", „Wärmeübung") deutlich leichter mit deiner einleitenden Phase von Scanning zu erzielen. Hätte I. H. Schulz, der Begründer des Autogenen Trainings, die Vorzüge dieser modernen Mentaltechnik gekannt, dann würde er sie mit hoher Wahrscheinlichkeit in seinen Übungsablauf einbezogen haben.

Ähnliches gilt für die Progressive Muskelentspannung. Auch hier lässt sich die Aufmerksamkeit viel leichter auf die subtilen inneren Phänomene lenken, wie wir Muskelanspannungen loslassen, wenn wir eine kurze Phase Scanning vorschalten.

Doch wie die Oberstufe des Autogenen Trainings und viele andere – oft östlich inspirierte – Meditationsformen bietet Scanning viel mehr als „nur" Entspannung. Man kann davon ausgehen, dass Sie nach und nach mit großer Wahrscheinlichkeit folgende Effekte bei sich entdecken:

– Gefühls- und Stimmungsveränderungen in Richtung von mehr Positivität, Verminderung negativen Fühlens
– Verbesserte Konzentration
– Lösung von unerwünschten gedanklichen Einstellungen, z.B. hinderlichen Bewertungen, Zwängen, Ängsten und Blockaden
– Impulskontrolle, verbesserte Kontrolle negativer und positiver Gefühle
– Klarere Interpretation unserer Werterfahrungen und Ziele, Umorientierung im Sinne „emotionaler Klugheit"

- Reduzierung zu hohen Blutdrucks
- Schnellere Erholung seelischer wie körperlicher Art
- Besserer Umgang mit traumatischen Erfahrungen
  - Wer täglich „scannt", ist ausgeglichener, wacher, flexibler, kommunikativer, verständnisvoller

Gerade der letztgenannte Punkt stellt in unserer Leistungsgesellschaft einen nicht geringen Wettbewerbsvorteil dar. Scanning eignet sich gleichermaßen für Manager, Künstler, Wissenschaftler, Schüler, Angestellte und Arbeiter, aber auch für Menschen, die nicht im Berufsleben stehen. Kranke profitieren von Scanning, weil sie besser mit ihrer Krankheit umzugehen lernen und schneller genesen. Viele Alltagserfahrungen mit Scanning sprechen darüber hinaus dafür, dass besonders geistig arbeitende und kreative Menschen schwierige Zusammenhänge leichter durchschauen, mehr Ideen haben und klarer und treffender formulieren können. Und was noch überraschender erscheinen mag: Sie müssen nicht an Scanning glauben! Scanning wirkt vollkommen mechanisch, wenn Sie seine einfachen Regeln befolgen.

Wie überall begünstigen natürlich auch bei dieser Technik Glauben und Vertrauen den Erfolg des Übens. Aber haben wir erst einmal hautnah diesen einfachen und dabei so wohltuenden Ausstieg aus dem Alltagsstress erlebt, dann wachsen Glauben und Vertrauen ganz von selbst. Wir spüren, dass wir viel mehr Handlungsspielraum und Möglichkeiten mentaler Veränderung besitzen, als uns vorher bewusst war.

Es wäre nicht überraschend, wenn Scanning schon bald zu Ihrer täglichen Lebenspraxis würde. Ein- oder zweimal zehn bis fünfzehn Minuten am Tag reichen völlig aus, um diesen faszinierenden und lohnende Weg nach innen anzutreten – der darüber hinaus oft spannender ist als manches Fernsehprogramm. Denn auf dieser Bühne sind Sie selbst der Hauptakteur. Es geht um *Ihr* Leben.

Scanning lässt sich mit jeder Weltanschauung und jeder Glaubensrichtung vereinbaren. Eine Ausnahme machen eigentlich nur jene Überzeugungen, die es Ihnen verbieten, Ihre positiven Erfahrungen in dieser Welt (und eben nicht erst in einem fernen Jenseits) zu fördern und Ihre negativen Erfahrungen schon in dieser Welt zu vermindern.

Scanning in Kurzform:

Beim Scanning wird die Aufmerksamkeit einige Minuten lang wiederholt und in natürlichem Rhythmus rein betrachtend und zulassend auf die sich ohne willentliches Zutun einstellenden Körperempfindungen und Gefühle ausgerichtet – und zwar unabhängig davon, ob solche Wahrnehmungen angenehm oder unangenehm sind.

Unsere Hauptaktivität ist dabei Leichtigkeit: wir lassen sich alle inneren Phänomene so leicht ereignen, wie dies jeweils möglich ist. Negative Gefühlseindrücke werden nicht gesucht, aber auch nicht unterdrückt oder geflohen, sondern gegebenenfalls kurz neutral betrachtend mit wahrgenommen, wohingegen die Aufmerksamkeit sich den subtileren, von allein einstellenden Körperempfindungen und angenehmen Gefühlen zuwendet, falls dies ohne Anstrengung und Konzentration möglich ist.

Auch dies wiederum rein betrachtend und zulassend, ohne solche positiven Gefühle festzuhalten oder willentlich zu verstärken. Andernfalls beschränkt Scanning sich auf jene Körperempfindungen, die sich natürlich einstellen und mühelos zulassend wahrgenommen werden können.

Spontan neigt unsere Aufmerksamkeit eher dazu, sich den angenehmen Gefühlen zuzuwenden. So ist unser Gehirn programmiert. Unangenehme Körperempfindungen werden dagegen, wenn unserem Nervensystem keine besonderen Gründe dafür sprechen, ebenso spontan gemieden. Meist folgen wir unbewusst dem Angenehmsein der Gefühle und vermeiden unbewusst das Unangenehmsein der Gefühle.

Beim Scanning als Grundübung wird diese natürlich Tendenz unserer Aufmerksamkeit ein wenig korrigiert: Wir suchen zwar nicht nach negativen Gefühlen, wir versuchen negative Gefühle nicht längere Zeit anzuschauen und festzuhalten (wie z.B. bei Techniken der „Desensibilisierung"). Aber wir weichen ihnen auch nicht aus. Wir nehmen sie einen Moment lang ohne weitere Bewertung zur Kenntnis und wenden uns dann wieder den anderen, sich spontan einstellenden subtilen Körperempfindungen zu.

2 Wie Scanning praktiziert wird

Wie bei den meisten Entspannungs- und Meditationsübungen ist es auch beim Scanning förderlich, einen ruhigen, etwas abgedunkelten Raum zu wählen. Wir sollten nicht zu viel gegessen und keine Alkoholika, Drogen oder stark wirkenden Psychopharmaka eingenommen haben.

Scanning wird am besten im Sitzen praktiziert. Unsere Haltung sollte bequem, also ohne unangenehme Körperanspannungen sein, weil dies den Scanning-Prozess erschweren könnte. Wenn Sie wach und nicht zu schläfrig sind, lässt sich Scanning auch im Liegen durchführen, z.B. direkt nach dem Aufwachen. Sitzen eignet sich aber wegen des leichteren „Fließens der Aufmerksamkeit" etwas besser.

Im Liegen schlafen wir vielleicht eher ein. Letztlich spielt das allerdings keine entscheidende Rolle, falls Sie genug Zeit haben, denn es gehört zum Grundprinzip des Scannings, die Dinge so zu nehmen, wie sie kommen. Scanning will genau das aktivieren, was als Bereitschaft des Nervensystems (bzw. Gehirns oder Bewusstseins) quasi in Wartehaltung steht, aber erst sichtbar wird, wenn wir ihm dazu Gelegenheit geben. Dazu würde naturgemäß auch die Lösung eines versteckten Schlafbedürfnisses gehören.

Wir schließen die Augen und beginnen ohne weitere Vorbereitung mit der Übung. Dabei wandert unser Blick in beliebiger Weise und Reihenfolge durch unser Inneres.   Anders ausgedrückt: Wir fangen irgendwo an, so wie es sich spontan ergibt. Das ist für viele Übende zunächst eine ungewohnte Haltung. Im Alltag sind wir meist auf bestimmte Objekte, Tätigkeiten und Ziele ausgerichtet. Wir haben recht genaue Vorstellungen davon, was wir wollen.

Beim Scanning nehmen wir alle inneren
Wahrnehmungen an, die sich spontan einstellen

Grundübung:

Gehen Sie einfach nur nach innen und schauen Sie nach, was sich dort zeigt! Richten Sie Ihre Aufmerksamkeit dabei – wenn dies ohne Anstrengung und Konzentration möglich ist – auf Ihre Körperempfindungen und Körpergefühle.

Welcher Unterschied besteht zwischen diesen beiden Kategorien? Körperempfindungen können sich gefühlsmäßig neutral anfühlen. Dann ist z.B. die Empfindungen der Wärme weder angenehm noch unangenehm. Körpergefühle dagegen sind immer entweder angenehm oder unangenehm.

Körpergefühle setzen sich aus Empfindungen und Gefühlen zusammen. Körperempfindungen sind Ausdruck der jeweils wahrgenommenen Organe oder Körperbereiche. Man spürt seine Brust, seinen Solarplexus, seine Beine usw. Im Alltag sprechen wir manchmal etwas ungenau ebenfalls davon, dass wir unseren Körper fühlen, wenn eigentlich nur Empfindungen gemeint sind. Etwas „fühlt" sich weich oder rau, spitz oder scharf an.

Solche Empfindungen können deutlich oder undeutlich sein und darüber hinaus „angespannt" oder „leicht", als Druck, als Gewicht, als Ziehen usw. auftreten.

Akzeptieren Sie jenen Körperbereich, der sich beim Blick nach innen wie von selbst einstellt. Versuchen Sie nicht, Ihre Aufmerksamkeit willentlich gegen einen Widerstand auf einen bestimmtes Körperteil zu fokussieren. Das „richtige" Objekt ist das, was automatisch gefunden wird.

Versuchen Sie auch nicht, Ihre Aufmerksamkeit bei Ihren jeweiligen Wahrnehmungen zu halten. Kehren Sie einfach auf leichte Weise zu ihnen zurück, wenn Sie bemerken, das Sie abgeschweift sind.

Vielleicht geht Ihre Aufmerksamkeit ja anstatt auf Körperwahrnehmungen zunächst spontan und automatisch auf

Vorstellungen und Gedanken, weil diese Sie gerade bedrängen? Lenken Sie Ihre Aufmerksamkeit in solch einem Fall wiederholt ohne Anspannung auf Ihren Körper zurück. Aber gestatten Sie Ihrer Aufmerksamkeit, zu Ihren Gedanken zurückzukehren, wenn Sie im Augenblick nicht ohne Anstrengung bei Ihren Körperempfindungen und Körpergefühlen bleiben können. Wahrscheinlich wird sich das während der weiteren Übung ganz von allein ändern.

Die vorrangige Intention beim Scanning ist Leichtigkeit.
Wir geben allen inneren Phänomene so leicht Raum,
wie dies jeweils möglich ist

Nehmen Sie das, was sich zeigt, einfach nur wahr! Nehmen Sie es so an, wie es sich zeigt. Versuchen Sie keine Erklärungen, Bewertungen oder Interpretationen dafür zu finden. Es geht nicht um Denken, sondern um Anschauen. Geben Sie sich ausreichend Raum und Zeit dafür.

Die wichtigste Regeln diesem Prozess der Hinwendung der Aufmerksamkeit lautet:

Lassen Sie alle Körpergefühle sich ihrer Qualität nach so entwickeln, wie sie von ganz allein entstehen

Damit ist gemeint, dass die Zuwendung Ihrer Aufmerksamkeit auf Ihre Körpergefühle *zulassend* ist, also nicht manipulativ, nicht festhaltend oder verdrängend.

Die zweite wichtige Regel lautet: Versuchen Sie Ihrer Aufmerksamkeit, wenn sie sich den *Körpergefühlen* zuwendet, keinen angestrengten Rhythmus aufzuzwingen.

Lassen Sie Ihr Nervensystem selbst die natürliche Frequenz der Zuwendung Ihrer Aufmerksamkeit zu Ihren Körpergefühlen finden.

Richtig ist auch hier jener Rhythmus der Fokussierung nach innen, der völlig natürlich wirkt und nicht manipulativ ist. Das oberste Motto der gesamten Übung ist immer Leichtigkeit, Natürlichkeit! Das sanfte, unschuldige Zulassen aller Empfindungen und Gefühle, die sich von allein ergeben, stellt bereits eine Hinwendung zu mehr innerer Leichtigkeit dar.

Innere Leichtigkeit – Entspanntheit selbst noch im Stress – aber ist genau das, was den meisten fehlt.

Wenn Sie sich bei den ersten Übungen noch ein wenig unsicher fühlen, worauf Sie eigentlich Ihren Blick richten sollten, dann können Sie das, was sie vorfinden, kurz einstufen. Es reicht, dies in der ersten oder vielleicht auch noch zweiten Übung zu tun.

Mit ein wenig mehr Praxis kann diese verbale dann Einstufung wegfallen. Später würde Benennen innerer Vorgänge viel zu viel Aktivität bedeuten und den natürlichen Fluss des Erlebens behindern. Genauso behindert auch zu viel angestrengte Bewusstheit am Anfang ein wenig den Prozess des Scanning – wir sind noch zu neugierig oder müssen uns erst zurechtfinden.

Ihre Einstufung kann durch einfaches Wahrnehmen erfolgen, also auch „ohne inneres Sprechen", falls Ihnen dies vertraut ist, oder auch verbal. Im letzteren Fall benennen Sie, was sich spontan zeigt, nur ein- oder zweimal und nur in diesem Übungsschritt. Es geht lediglich um eine erste Bestandsaufnahme.

Das können sehr unterschiedliche innere Phänomene sein: z.B.: Wohlbehagen, Ruhe, Kraft, gute Laune, Interesse, Neugier oder auch: Schmerzen, z.B. Kopfschmerzen, Gliederschmerzen, Abgeschlagenheit, Unbehagen, Nervosität, Angst, Skepsis, etwa Zweifel an der Methode, Langeweile, Probleme, traumatische Erfahrungen, Überdruss, Unkonzentriertheit.

Vielleicht fühlen wir uns durch Geräusche gestört. Womöglich verändert sich beim Scanning unser Herzrhythmus, vielleicht wird unsere Atmung schwer und angestrengt, oder auch leicht und harmonisch. Womöglich bricht uns sogar der Schweiß aus oder uns wird kalt. Vielleicht stagniert unsere Aufmerksamkeit, ja „klebt" an irgendeinem positiven oder negativen Symptom. Vielleicht werden wir von Gedanken und Vorstellungen „gejagt" und haben das Gefühl, „nicht zur Ruhe kommen zu können".

Nichts von alledem ist zwangsläufig und typisch, aber alles ist möglich. All das ist Scanning, all das wird wahrgenommen und für den Augenblick der Übung zugelassen. Wir geben jedem Eindruck Raum, erst recht jenen Eindrücken, die in irgendeiner Weise belastend und unangenehm sind. Es sei denn, es zieht uns auf natürliche Weise weiter zum nächsten Eindruck.

Während des Scanning müssen wir übrigens keine spektakulären Erfahrungen haben. Es ist nicht gesagt, dass wir dramatischen Entdeckungen machen oder irgendwelche Durchbrüche erleben. Wir sollten nicht erwarten, in Wohlbehagen oder Glück zu versinken. Es kann sein, dass genau dies geschieht – oder auch nicht. Schrauben Sie Ihre Erwartungshaltung so weit wie möglich hinunter. Erwartung behindert den Prozess des Scanning. Jede zu zielgerichtete Haltung behindert Scanning. Scanning muss sich nicht einmal angenehm anfühlen. Gerade dann, wenn wir in zulassender Weise Unangenehmsein wiederholt wahrnehmen, erfahren wir nach der Übung Erleichterung und Erholung.

Merksätze

Wir erwarten nichts. Wir sehen nicht mehr weg. Wir schauen an, was sich zeigt. Wir nehmen es wie es kommt. Wir versuchen nicht zu verändern. Wir haben keine weitere Absicht als Scanning.

Die natürlichen, meist dominierenden inneren Erfahrungen, wenn wir unsere Aufmerksamkeit bewusst nach innen richten, sind in der Regel Körperempfindungen. Dabei müssen wir zunächst noch nicht klar unterscheiden, ob diese Körperempfindungen angenehm oder unangenehm sind, also eine Gefühlskomponente aufweisen.

Vergleichen Sie dagegen, was gewöhnlich passiert, wenn wir unsere Aufmerksamkeit bei geschlossenen Augen nicht auf unseren Körper ausrichten! Entweder befinden wir uns dann in Gedanken und Vorstellungen, vielleicht in Erinnerungen, wir denken nach und „verlieren" uns womöglich sogar in Gedanken.

Oder aber unsere Aufmerksamkeit geht auf Sinnesempfindungen akustischer, visueller Art oder betrifft den Geruchsinn: Wir hören Geräusche, z.B. Musik, Verkehrslärm. Wir riechen etwas oder nehmen Helligkeit oder Dunkelheit oder Farben vor unserem inneren Auge wahr.

Wir fühlen also eine Zeit lang probeweise unseren Körper und lassen unsere Aufmerksamkeit immer wieder zu ihm zurückkehren, wenn wir von Gedanken abgelenkt werden. Dies geschieht so lange, wie es uns genehm ist – vielleicht ein, zwei oder auch mehr Minuten. Mit einiger Übung werden Sie finden, das Körperempfindungen und Körpergefühle ein sehr leicht zugängliches Meditationsobjekt sind. Man fühlt sich schnell wohl durch diese Ausrichtung der Aufmerksamkeit. Wer Zen-Meditation und andere konzentrative Achtsamkeitsübungen kennt, weiß, wie schwer es oft ist, ruhige Wachheit in der eigenen Mitte zu finden. Beim Scanning erreichen wir diese Achtsamkeit fast mühelos – falls wir nicht gerade völlig übermüdet sind. Aber das versteht sich auch in anderen Mentaltechniken von selbst.

Der Grund für diese auf so viel leichtere Weise forcierte Achtsamkeit liegt in einer erst kürzlich entdeckten Besonderheit unseres Bewusstseins: Befindet man sich in Gedanken, dann ist man sich seiner Gedanken normalerweise nicht bewusst, sondern ist in der Bedeutung des Gedachten. Man wird, wie man auch sagt, von seinen Gedanken „überschattet", man ist in Gedanken „versunken. Die Achtsamkeit kehrt allenfalls intermittierend zu einem selbst und der Tatsache zurück, dass man denkt.

Richten wir dagegen gezielt unsere Aufmerksamkeit auf Körperempfindungen und die mit ihnen einhergehenden Gefühle, dann erhalten wir die sonst in konzentrativen Achtsamkeitsmeditationen so schwer erkämpfte Bewusstheit sozusagen „als Beigabe". Und dies eben, ohne ein fremdes Objekt wie Mandalas, Mantras oder dergleichen einführen zu müssen.

Geschieht das darüber hinaus wie beim Scanning unkonzentrativ, unangestrengt, in zwangloser Weise, weil wir jede beliebige, sich von selbst einstellende Empfindung zulassen und diese als jeweiliges Objekt der Vergegenwärtigung benutzen, dann ist der innere Druck am geringsten, die unangenehme Anspannung nahe am Nullpunkt.

Achtsamkeit ist aber ein Dreh- und Angelpunkt jeder Bewusstseinsveränderung. Achtsamkeit ermöglicht Umlernen, Zulassen, Distanzieren, Wählen, Entscheiden – und damit (relative) Freiheit des Bewusstseins. Zentrierung auf die eigene Mitte durch Achtsamkeit ist zugleich Ruhe, Entspannung und Erholung. Werden wir zu stark von unseren Gedankenassoziationen fortgetragen, kann diese Ruhe weniger leicht entstehen, denn es handelt sich um ständigen Wechsel, eben um „Unruhe".

In der Selbstzentrierung dagegen erleben wir eine Reduzierung innerer und äußerer Reize

Ein gewisse Parallele findet diese Methode in der buddhistischen Atemmeditation. Auch hier richten wir unsere Aufmerksamkeit auf eine Körperempfindung – nämlich wie sich der Atem „anfühlt". Allerdings ist dabei der Rhythmus des Atems vorgegeben und die Meditation wird auf ein einziges Objekt, eben den Atem, beschränkt.

Das ganze Verfahren ist konzentrativer, anstrengender und somit auch ermüdender, wie viele Berichte gerade auch bei Zen-Meditierenden zeigen. Man denke nur an den Zen-Meister mit seinem Stöckchen, der kleine Schläge austeilt, um bei den Übenden Wachheit einzufordern.

Beim Scanning vermeiden wir solche Nachteile: Wir nehmen jede sich einstellende Körperwahrnehmung an und zwingen der Achtsamkeit keinen starren Rhythmus auf. Erst auf diese Weise wird das Verfahren kathartisch, löst es Verspannungen, wozu eine konzentrative Meditationsform wie die Atemmeditation niemals in gleichem Maße fähig wäre. Da unsere „Meditationsobjekte" einem ständigen Wechsel unterliegen, verbessern wir darüber hinaus auf natürliche Weise unsere Introspektionsfähigkeit. Und dies ist, wie wir später noch genauer sehen werden, für das Bewusstwerden von Wertgefühlen von entscheidender Bedeutung.

OPTION 2 (nur, falls zugänglich):

Sprechen keine anderen starken Eindrücke dagegen wie dominierende negative Gefühle, z.B. Sorgen, Schmerzen oder ablenkende und überschattende Gedanken, dann wenden wir uns – falls wir bereits wissen, worum es sich dabei handelt – in einer der nächsten Hinwendungen unserer Aufmerksamkeit ohne Umschweife und Hast den subtilsten, „feinsten" Körperempfindungen zu, die uns zugänglich sind. Das heißt, wir fühlen uns nicht weiter in die „gröberen", stärkeren Körperempfindungen ein – es sei denn, diese lenken uns ab ... sondern suchen Körperempfindungen dort auf wo sie am feinsten sind ...

„Fein" ist lediglich eine Metapher, die uns (weil es uns an passenderen Ausdrücken mangelt) darauf lenken soll, dass es zwei Klassen von inneren Erfahrungen gibt:

1) gröbere, deutlichere, vordergründige, also irgendwie „näher" wirkende innere Erfahrungen und

2) weit entfernt erscheinende, subtile innere Phänomene in der Tiefe des Körperraumes

Am leichtesten lässt sich dieser Unterschied am inneren lautlosen Aussprechen eines Wortes demonstrieren. Ein nur gedachtes Wort kann, oft spontan und ohne unser erkennbares Zutun, ganz vorn, im Mundbereich wahrgenommen werden – dann wirkt es zugleich „grob" und „stark" – oder aber weit entfernt in der Tiefe des Körpers, also räumlich getrennt und eher unabhängig von den Organen – dann wirkt es feiner, subtiler, vielleicht auch undeutlicher und ungreifbarer.

Bei solchen feineren Erfahrungen handelt es sich um jene Empfindungen des Körpers, die an der Schwelle zur Wahrnehmbarkeit liegen – man könnte auch sagen: kurz vor dem Stadium, an dem gar nichts mehr wahrgenommen wird!

Es ist nicht nötig, dass Sie schon bei den ersten Übungen genau verstehen, worauf sich dieser Unterschied bezieht. Sie sollten aber davon wissen, damit Sie Ihre Aufmerksam später gegebenenfalls auf das Subtilsein der Körperempfindungen justieren können. Mit zunehmender Erfahrung fällt es naturgemäß immer leichter, seine Aufmerksamkeit auf subtilere Körperbereich zu lenken.

Das Motiv, dies zu tun, liegt in der größeren Klarheit, der Selbstzentrierung und Zunahme von Kraft und positivem Fühlen, die mit der Wahrnehmung subtilster Körperzustände einhergehen. Meines Wissens gibt es noch keine neurologische oder anderweitige Theorie, die befriedigend erklären kann, warum das so ist. Es scheint sich aber in der Tat um eine mentale Gesetzmäßigkeit zu handeln, denn über dieses Phänomen wird in den alten Meditationstraditionen seit Jahrhunderten berichtet.

Solche feineren Wahrnehmungen von Körperempfindungen sind manchmal besser und manchmal schwerer zugänglich, mitunter auch gar nicht.

Versuchen Sie nicht, verfeinerte Wahrnehmungen zu erzwingen

Das wäre kein Scanning, sondern Manipulation. Wenn Sie momentan keine Verfeinerungen erleben, ist das nicht relevant und gehört zum Scanning-Prozess. Ihre Erfahrung scheint von unserem augenblicklichen körperlichen und nervlichen Zustand abhängig zu sein und hat mit unserem Stresspegel, mit unserer seelischer Ausgeglichenheit zu tun.

Jede Art von Körperempfindungen kann darüber hinaus angenehm oder unangenehm, lustvoll oder schmerzhaft sein. Die Erfahrungsqualität des Angenehm- und Unangenehmseins ist unabhängig davon, ob es sich um große, starke, deutliche Empfindungen oder um subtile Empfindungen nahe der Wahrnehmungsschwelle handelt.

Spontan neigt unsere Aufmerksamkeit eher dazu, sich angenehmen Gefühlen zuzuwenden. So ist unser Gehirn programmiert! Positive Gefühle sind deswegen positiv, weil sie attraktiv, lustvoll, eben angenehm im weitesten Sinne sind.

Unangenehme Körperempfindungen werden dagegen, wenn unserem Nervensystem freier Lauf gelassen wird, ebenso spontan gemieden. Außer es liegt ein Problem vor, dass unsere Aufmerksamkeit bindet und dessen Emotionalität im Körper lokalisierbar ist. Dies geschieht meist unbewusst. Wir folgen unbewusst dem Angenehmsein der Gefühle und vermeiden unbewusst das Unangenehmsein der Gefühle.

Beim Scanning wird diese natürlich Tendenz unserer Aufmerksamkeit ein wenig korrigiert: Wir suchen zwar nicht nach negativen Gefühlen, wir versuchen negative Gefühle nicht längere Zeit anzuschauen und festzuhalten (wie z.B. bei Techniken der Desensibilisierung[1]). Aber wir weichen ihnen auch nicht aus. Wir nehmen sie einen Moment lang ohne weitere Bewertung zur Kenntnis und wenden uns dann wieder den anderen, sich spontan einstellenden subtilen Körperempfindungen zu.

OPTION 3 (falls zugänglich):

**Dagegen folgen wir den angenehmen Gefühlen,
die sich mit subtilen Körperempfindungen
verbunden zeigen**

Allerdings gilt auch diese Regel nur, wenn solche subtilen und angenehmen Gefühle mühelos erreichbar sind. Versuchen Sie nicht, angenehme Gefühlswahrnehmungen zu erzwingen! Auch das wäre kein Scanning, sondern wiederum Manipulation. Wie bei der Grundübung folgt unsere Aufmerksamkeit immer nur dem, was sich leicht und wie von allein einstellt.

Statt angenehmen Körperempfindungen können positive Gefühle auch mit Gedanken und Vorstellungen einhergehen. Oft zeigt sich dabei, dass positive Gefühle, die aus Gedanken und Vorstellungen herrühren, körperlich werden. Vielleicht hat man bei einem sich spontan einstellenden Gedanken ein „wohliges Gefühl". Dann lässt sich der Ort dieses wohligen Gefühls womöglich im Körper lokalisieren.

Gleichgültig, ob wir das Gefühl örtlich bestimmen können oder nicht und ob Gefühle eher aus Körperempfindungen oder Gedanken und Vorstellungen herrühren: Wir folgen auf zwanglose, leichte Weise dem positiven Gefühlsaspekt.

Zeigen sich solche positiven Gefühle, und seien sie noch so subtiler Art, dann versuchen wir auch hier wieder nichts festzuhalten.

Wir folgen dem natürlichen Fluss der Aufmerksamkeit. Krampfhaftes Suchen nach angenehmen Körpergefühlen und angespanntes Festhalten solcher Gefühle würde den Prozess des Scanning zunichte machen. Die Erwartungshaltung, unbedingt auf angenehme Gefühle stoßen zu wollen, beeinträchtigt, ja behindert den Scanning-Prozess.

Wir sind also sozusagen Initiator des Weitergehens von einer Erfahrung zur anderen und Zulassens innerer Phänomene – ohne das auch dies nun wieder zu einer Anspannung, zu einer „unbedingt perfekt zu lösenden Aufgabe" werden sollte. Gerade hierin liegt die Kunst und auch das Besondere gegenüber andere Mentaltechniken. Wir sind zulassender Betrachter und Initiator zugleich. Initiator sind wir in dreifacher Hinsicht:

1. als jemand, der sich den subtileren positiven Körperempfindungen zuwendet, soweit dies mühelos gelingt

2. als jemand, der negative Körperempfindungen nicht verdrängt, sondern kurz anschaut, registriert und sich dann wieder den subtilen positiven Gefühlen zuwendet

3. als jemand, der nicht manipuliert und über diesen Prozess hinaus Erfahrungen auswählt und forciert oder festhält, sondern immer nur jenen inneren Erlebnissen folgt, die sich von allein einstellen

OPTION 4 (falls notwendig):

Sind unsere inneren Erfahrungen so mächtig und bedrängend, dass es im Augenblick gar nicht möglich ist, unsere

Aufmerksamkeit in Richtung subtilerer positiver Körperempfindungen zu lenken, dann versuchen wir nicht dagegen anzukämpfen. Wir geben nach und erlauben stattdessen unserer Aufmerksamkeit, diesen stärkeren Eindrücken und ihrem Wechsel zu folgen.

Wir sollten also nicht auf das Unangenehmsein und Schmerzhaftsein solcher Erfahrungen starren, wir sollten nicht versuchen, bei ihm zu verharren. Wir versuchen noch nicht das Unangenehmsein zu desensibilisieren, indem wir einen oder auch einige wenige besonders starke Eindrücke durch unsere Aufmerksamkeit isolieren (vergl. zum Begriff der Desensibilisierung „Option 5" weiter unten). Vielmehr gleiten wir weiter von Eindruck zu Eindruck. Wir akzeptieren deren Negativsein für den Moment des nach Innengehens. Es genügt völlig, wenn wir dabei das Unangenehmsein der Gefühlseindrücke nur „wie aus den Augenwinkeln" wahrnehmen, als liefe es nebenher. Wir bleiben also nicht angestrengt konzentrativ beim unangenehmen Gefühl stehen, versuchen es nicht festzuhalten, es zum Hauptgegenstand unserer Aufmerksamkeit zu machen, wenn dies nicht ohnehin seine natürliche Tendenz ist.

– Verweilt die Aufmerksamkeit für Augenblicke beim Unangenehmseins, dann nehmen wir dies allerdings so an, wie es sich von selbst einstellt.

– Ist die Wahrnehmung des Unangenehmseins spontan eher „beiläufig", dann greifen wir auch hier nicht ein.

Nehmen Sie immer nur so viel Unangenehmsein wahr, wie sich von allein zeigt! Suchen nicht zu nachdrücklich und um jeden Preis danach, suchen Sie es nicht festzuhalten. Unsere Hauptintention geht auf das Angenehmsein, wenn dies auf leichte Weise möglich ist. Wenn wir eine Mehrstimmigkeit, eine „Polyphonie" von angenehmen und unangenehmen Gefühlen ins uns finden, dann richten wir versuchsweise zunächst unsere Aufmerksamkeit auf das Angenehmsein des Gefühls, wie in Option 3 beschrieben. Zum Unangenehmsein gehen wir erst, wenn sich dieses als zu ablenkend, zu stark erweist. Irgendwann hat sich die Energie solcher starken, meist recht unangenehmen, vielleicht sogar schmerzhaften Eindrücke verbraucht – sie ist gewissermaßen durch den Prozess des Scanning abgearbeitet worden!

Dies kann durchaus einige Minuten und in Ausnahmefällen sogar eine ganze Sitzung lang andauern. Eher typisch wäre es allerdings, dass sich die großen, drängenden, bedrückenden Erfahrungen nach wenigen Minuten beharrlichen, aber leichten Scannings verflüchtigen. Dann erleben wir eine jener typischen Umschaltungen in verfeinerte Wahrnehmungen, die uns durch ihren erleichternden und entspannenden Eindruck sofort signalisieren, dass wir uns richtig verhalten haben.

Entscheidend dafür, was Objekt unserer Aufmerksamkeit wird, ist also, was in unserem Inneren jeweils momentan die stärkste Kraft hat, was bewirkt, dass es präsent wird.

– Innen – das kann bedeuten: Wir nehmen unseren Körper wahr. Es mag sein, dass sich der Körper dabei „neutral" anfühlt, weder angenehm noch unangenehm, schmerzhaft oder lustbetont. Und auch hier versuchen wir uns nicht etwa konzentrativ einem bestimmten Bereich oder Körperteil zuzuwenden. Sondern wir nehmen einfach das auf, was sich von allein einstellt!

– Innen – das kann auch heißen: Wir sind in unseren Gefühlen und Stimmungen. Wir empfinden Wohlbehagen oder Schmerzen. Wir erleben Angst oder Lust. Oder wir entdecken, dass wir gut gelaunt oder optimistisch, pessimistisch oder verstimmt sind.

– Innen – das kann aber auch meinen: Wir befinden uns in

29

Gedanken oder Vorstellungen, z.B. Erinnerungen. Gedanken und Vorstellungen mögen wie Körperempfindungen gefühlsmäßig neutral sein. Oder aber sie sind angenehm oder unangenehm. Und auch hier suchen wir keine dieser Kategorien willentlich auf, abgesehen von der probeweisen inneren Wendung auf subtile positive Gefühle. Im Zweifelsfall nehmen wir immer das an, was sich von allein und ganz natürlich einstellt, wenn wir nach innen blicken!

Scanning ist auch Bewusstwerden sonst nicht bemerkter Gefühle und Gedanken

Viele Probleme lassen sich gerade darum nicht korrigieren, weil sie uns gar nicht in den Blick kommen. Vor allem subtile Gefühle, z.B. Gefühlsauszeichnungen von Werturteilen, werden oft nicht bemerkt. Scanning ist also „Bewusstseinserweiterung" im besten Sinne. Allerdings nutzen wir Scanning während der Übung nicht dazu, unsere Anschauungen willentlich zu verändern. Dies schließt natürlich nicht aus, neu gewonnene Einsichten *nach* der Übung (oder später mit Hilfe von Zusatztechniken) umzusetzen, wenn uns dies nutzt.

Um es noch einmal zu wiederholen, weil es so wichtig für Scanning ist:

Wir geben keinem der oben genannten möglichen Erfahrungsbereiche irgendeine Präferenz, abgesehen von der probeweisen Zuwendung zu subtileren angenehmen Wahrnehmungen oder – falls nötig – , wenn wir negative Gefühle desensibilisieren.

Entscheidend für unsere Hinwendung ist, was sich zuerst und mühelos einstellt. Mit dieser Haltung vermeiden wir es, zu manipulativ einzugreifen. Scanning soll nicht das sichtbar machen, was wir uns gerade wünschen oder wollen. Sondern Scanning zielt darauf ab, das Nervensystem sich so darstellen zu lassen, wie es sich von selbst zeigt, wenn wir uns nach innen wenden.

Scanning ist so etwas wie ein Spiegel des gegenwärtigen Zustands unseres Nervensystems

Jede Art von Anspannung und starker Konzentration, jede Art von Festhalten an inneren Eindrücken, jedes Verdrängen ist das genaue Gegenteil von Scanning.

Wie schon gesagt, sind gewöhnlich jene inneren Eindrücke, die sich zuerst einstellen, wenn wir unsere Aufmerksamkeit nach innen richten, nicht Gedanken oder Vorstellungen, sondern Körperempfindungen und Körpergefühle.

Anders verhält es sich, wenn wir gerade sehr belastende Erfahrungen hatten. Dann sind wir oft eher in unseren Gedanken, unseren Erinnerungen oder Sorgen. Es scheint einfach näher zu liegen, dass wir zuerst unseren Körper spüren, wenn wir uns nach innen wenden. Und wenn dies so ist, dann richten wir unsere Aufmerksamkeit in zwangloser, unangestrengter, also nicht konzentrativer Weise auf *irgendeine* unserer Körperempfindungen.

Das mag ein Körperbereich sein wie z.B. der Brust- oder Bauchraum, der Kopf oder Mundbereich oder auch ein Körperteil, etwa ein Arm, eine Hand.

Schweift unsere Aufmerksamkeit ab, dann kehren wir ohne Kritik und in ebenso leichter Weise zu den Körperempfindungen zurück. Das mag dieselbe Körperempfindung sein oder eine andere. Wir versuchen nicht, bei einer Körperempfindung zu bleiben.

Scannen heißt, nicht festzuhalten, nicht zu verharren, sondern loszulassen, sozusagen innerlich treibend von Objekt zu Objekt zu wechseln, soweit dies natürlich und wie von selbst geschieht

Wesentlich und typisch für Scanning ist die Haltung des „Schwimmens", des Gleitens durch die innere Welt. Aber auch diese Regel gilt nur, wenn der Wechsel wie von selbst vonstatten geht.

Verharrt die Aufmerksamkeit jedoch spontan an einem Punkt, dann versuchen wir nicht, den Wechsel gegen einen Widerstand zu forcieren.

Meist ist dies ein Schmerz oder ein anderes unangenehmes Gefühl, das sozusagen seinen Tribut fordert und den Prozess des Weitergehens bremst. Hier gilt folgende Zusatzregel:

OPTION 5 (nur, falls notwendig):

Erscheint ein Gefühlseindruck zu stark (zu schmerzhaft, zu unangenehm, zu „belastend"), dann lassen wir unsere Aufmerksamkeit wiederholt in leichter Weise zum negativen Gefühl wandern, ohne es in irgendeiner Weise verdrängen oder verändern zu wollen. Wir *isolieren* den zu starken Eindruck durch unsere Aufmerksamkeit und kehren eine Zeit lang immer wieder zu ihm zurück, um ihn in seiner negativen Qualität zu fühlen. Das bedeutet: Wir lassen ihn (für den Augenblick) zu. Wir fühlen uns in sein Unangenehmsein ein. Der Prozess des Weiterwanderns zu anderen inneren Eindrücken wird unterbrochen.

– Dabei heißen wird das negative Gefühl weder gut, noch bewerten wir es in irgendeiner anderen Weise. Wir „reden es nicht schön", wir machen es nicht kleiner, als es ist. Wir benennen und kommentieren es auch nicht. Wir nehmen es lediglich wahr.

Dies geschieht auch hier wiederum nicht angespannt, mit Anstrengung und Konzentration. Das Gefühl mag stark und belastend sein – unsere Haltung des Betrachtens dagegen ist leicht, fast unschuldig. Nach einiger Zeit werden wir meist erleben, dass die Intensität des Unangenehmseins nachlässt oder dass es verschwunden. Während des Desensibilisierungsprozesses mag das negative Gefühl „springen". Ein Druck auf der Brust wird womöglich zum Ziehen im Bein oder zum Kopfschmerz.

Oder aus einem somatischen Symptom wird ein geistiges, also ein Unangenehmsein auf der gedanklich wahrgenommenen Problemebene oder als Stimmung. Vielleicht erleben wir Angst, Unbehagen oder auch Langeweile. In diesem Fall folgt die Aufmerksamkeit leicht und zwanglos den stärksten Eindrücken

Wie genau unterscheidet sich dieser fünfte vom vierten Schritt? Wir bleiben bei einem Eindruck – eben dem zu starken Unangenehmsein –, anstatt uns durch die innere Welt treiben zu lassen, und kehren auf leichte Weise zu ihm zurück, wenn wir es aus den Augen verlieren. Dabei findet eine gezielte Desensibilisierung statt. Desensibilisierung bedeutet, dass sich durch anschauendes Zulassen der unangenehmen Qualität des Gefühls:

a. dessen Energie erschöpft
b. neuer innerer Handlungsspielraum durch bewusste Distanzierung entsteht
c. bei erlernten emotionalen Reaktionen das Gefühl immer weniger reproduziert wird

War der Desensibilisierungseffekt in Option 4 noch eher beiläufig, dann wird er in Schritt 5 wegen der Stärke des Phänomens systematischer vollzogen.

Stellt sich eine Erleichterung ein – das geschieht meist schon nach wenigen Minuten –, dann kehren wir wieder zum „normalen" Vorgang des Scannens zurück. Unsere Aufmerksamkeit sucht weiter nach jenen Körperempfindungen, die sich wie von selbst einstellen, und hier wieder bevorzugt nach subtilen, angenehmen Gefühlsauszeichnun-

gen. Scanning wird dabei oft in einem sich natürlich erge-
benden Wechsel aller beschriebenen Schritte in unter-
schiedlicher Reihenfolge bestehen.

Das heißt, Scanning ist ein Wechsel der Schritte 1 bis 3
und eventuell zusätzlich 4 bis 5. Die Vorgabe ist jedoch
nicht, genau diese Reihenfolge einzuhalten. Die Schritte 1
bis 5 sind lediglich eine nahe liegende Folge, ein Vorschlag,
zu prüfen, ob wir uns so den subtilen positiven Gefühlsauszeichnungen unserer Körperempfindungen und vielleicht
auch Gedanken und Vorstellungen nähern können.

Wir können mit der Grundübung beginnen, wir können
aber, wenn dies machbar ist, auch beliebige Schritte aus-
lassen und gleich zu Option 3 springen oder mit Option 5
anfangen, falls die inneren Widerstände zu mächtig sind.

Entscheidend ist es, dabei Körperempfindungen und Gefühle wahrzunehmen und nicht in Gedanken und Vorstellungen stecken zu bleiben, also wie üblich seinen Gedanken
nachzugehen, es sei denn, diese haben so viel momentane
Macht über uns, dass sie dominieren. Gefühle können allerdings auch durch Gedanken und Vorstellungen ausgelöst
werden. Dann richten wir unsere Aufmerksamkeit gegebenenfalls auf deren Gefühlsaspekt, und dies gilt gerade auch,
wenn es sich um sehr subtiles Angenehm- und Unangenehmsein handelt.

Leichte Steuerung hinsichtlich der beschriebenen fünf
Schritte geht dabei in eins mit dem Versuch, die jeweils am
wenigstens manipulative, wie von selbst entstehende Variante zu finden, wie sich unser Inneres natürlich entfaltet.

Immer, wenn wir bemerken, dass wir diesen Prozess
aus den Augen verlieren, kehren wir auf leichte,
unangestrengte Weise zum Scanning zurück.
Abzuschweifen, ist kein Fehler, sondern Abschweifen
als Fehler aufzufassen, wäre ein Fehler!

Wahrscheinlich kommen uns im Laufe des Scanning-Prozesses vielerlei verschiedene Gedanken. Keinem unserer Gedanken wird während des Scanning-Prozesses irgendein Wert beigemessen. Denken wir etwa: „Ich muss noch Schuhe putzen", dann gehen wir damit um wie mit jedem anderen Gedanken – wir lassen Gedanken ohne Kritik stehen, ohne ihnen inhaltlich weiter Beachtung zu schenken.

Glauben wir z.B., während des Scanning sei uns eine kluge Einsicht über unseren Charakter gekommen, dann stellen wir die Richtigkeit unser Einsicht einfach bis nach dem Scanning in Klammern.

Anders ausgedrückt, wir räumen unseren Gedanken keinerlei (aktuellen) Erkenntniswert ein, gleichgültig, ob sie solchen Erkenntniswert tatsächlich haben oder nicht. Eine Ausnahme machen nur Einsichten, die uns aus einer Gefahr befreien oder deren Notwendigkeit offensichtlich ist. Brennt das Haus, dann werden wir diese Beobachtung selbstverständlich ernst nehmen und die Feuerwehr rufen.

Wer eher ruhig und entspannt ist, findet leicht in seine innere Mitte und wird beim Scanning weniger abgelenkt als stressgeplagte Zeitgenossen, die von ihren Tagesaktivitäten, Plänen und Wünschen, ihren Ängsten und Sorgen geradezu gejagt werden. In solch einem Fall hilft nur ruhige Beharrlichkeit.

Sich von Gedanken und unangenehmen Gefühlen
überschattet zu erleben, ist kein Beweis für die mangelnde
Wirksamkeit der Technik!

Es ist im Gegenteil ein deutlicher Hinweis darauf, dass wir dringend ein Verfahren wie Scanning benötigen, um unseren Stresspegel herunterzufahren.

Dabei geht es nicht darum, Weltmeister in kontinuierlichem Scanning zu werden. Wir müssen nicht mit Gewalt bei der Stange bleiben. Das würde den Scannvorgang im

Gegenteil sogar behindern. Es reicht völlig, wenn wir zu unseren Körperempfindungen zurückkehren.

Was genau ist hier eigentlich mit „Körperempfindungen" gemeint? Wir haben den Unterschied zwischen Empfindungen und Gefühlen bereits angesprochen. Eine noch etwas umfassendere Unterscheidung innerer Vorgänge hilft uns, den Prozess des Scanning besser zu verstehen.

Neben Sinnesempfindungen wie Sehen, Hören, Riechen, Schmecken verfügen wir bekanntlich auch über Körperempfindungen. Unser Körper kann sich weich, hart, spitz, warm, kalt usw. anfühlen. Im alltäglichen Sprachgebrauch unterscheiden wir meist nicht zwischen Empfindungen und Gefühlen. Wir sagen z.B., wir „empfinden nichts mehr in einer Beziehung" – und meinen damit, dass wir keine Liebe oder Zuneigung oder Erotik oder kein sexuelles Verlangen erleben.

Tatsächlich aber unterscheiden sich Körperempfindungen und Gefühle kategorial. Es handelt sich um zwei völlig verschiedene Erlebnisweisen, auch wenn uns dies meist nicht bewusst wird, weil wir Mischformen erleben. Erst wenn Angenehm- und Unangenehmsein zur Empfindung hinzukommen, handelt es sich um Gefühlserfahrungen.

Das wird leicht daraus ersichtlich, dass dieselben Empfindungsqualitäten wie weich, hart, spitz, heiß, kalt je nachdem angenehm oder unangenehm wirken. Wärme oder Kälte zum Beispiel können zunächst angenehm sein, dann jedoch unangenehm werden, ohne dass sich dazu die Temperatur ändern müsste.

In ähnlicher Weise können auch Sinneserfahrungen, Vorstellungen und Gedanken mit Gefühlen des Angenehm- und Unangenehmseins eingefärbt sein:

– Ein störendes Geräusch etwa als akustische Sinneswahrnehmung kann negativ erlebt werden und man kann auf dieses Unangenehmsein seine Aufmerksamkeit fokussieren.

– Dass Gedanken angenehm oder unangenehm sein können, ist jedem bekannt, wie beispielsweise der Ausspruch: „Ich darf gar nicht daran denken!" zeigt.

– Und die Wirklichkeit bleibt nur allzu oft hinter der angenehmen Vorstellung zurück, die wir uns vom Urlaub machen.

Solche „Gefühlsauszeichnungen" werden uns meist gar nicht bewusst – wir erleben sie lediglich – , weil sie normalerweise in der Einheit mit Sinnesempfindungen, Körperempfindungen, Vorstellungen oder Gedanken erfahren werden.

Erst wenn wir lernen, mehr und mehr Details im inneren Raum zu unterscheiden, gelingt es uns immer besser, unsere Aufmerksamkeit auf den Gefühlsaspekt zu fokussieren. Es ist, als lernten wir in einem halbdunklen Zimmer zuerst Tisch, Bett und Schrank zu unterscheiden, und dann auch die kleineren Gegenstände, den Kugelschreiber auf dem Schreibtisch und die Tasse im Vitrinenschrank.

Scanning fokussiert, wie wir inzwischen gelernt haben, unsere Aufmerksamkeit auf jene subtilen positiven Gefühle, die wir sonst gar nicht bemerken

In der Wahrnehmung solcher Gefühle liegt wie bereits gesagt eine große Kraft der Entspannung, Erholung, Stärkung und Kreativität.

Es ist jedoch kein Malheur, wenn Sie zu Anfang nur grobe, neutrale oder auch unangenehme Erfahrungen in den Blick bekommen. Solche Erfahrungen gehören zum Prozess der Katharsis. Verspannungen und anderes Stresspotential müssen abgearbeitet werden, und dies geschieht, indem wir uns Gelegenheit geben, dem natürlichen Kräftespiel Raum zu lassen und nicht mehr zu verdrängen.

Wie verhalten wir uns, wenn wir einschlafen?

Während des Scanning kann ein natürliches, im Normalbewusstsein verdecktes Schlafbedürfnis frei werden. Wir geben diesem Schlafbedürfnis immer nach und kämpfen nicht dagegen an. Sobald wir wieder aufwachen, setzen wir den Scanning-Prozess fort.

Wie verhalten wir uns, wenn wir in einen Wachschlaf geraten, bei dem wir uns unserer Träume bewusst sind?

Unterstützen Sie Ihre Traumerfahrungen und Traumbilder auf sanfte Weise durch Ihre bejahende Haltung. Das ist auch möglich, wenn man sehr schläfrig ist. Ihre Selbstbewusstheit mag dabei nur auf noch jenes „Fünkchen" reduziert sein, durch das man gerade noch weiß, was passiert. Scanning wird besonders effektiv und erholsam, wenn dies gelingt!

Wie oft und wie lange sollte Scanning ausgeübt werden?

Das bleibt Ihnen und Ihren Bedürfnissen überlassen. Eine typische und normalerweise ausreichende Übung dauert etwa fünfzehn bis zwanzig Minuten, ein- oder zweimal am Tag. Es spricht jedoch nichts dagegen, länger zu üben, z.B. wenn Sie krank sind oder nicht einschlafen können.

Da Scanning auf sehr sanfte und natürliche Weise Stück um Stück Verspannungen und Stress löst, sollten Sie dafür jeweils Ihr individuelles Maß finden. Erleben Sie zu viele negative Gefühle, kann die Übungszeit gekürzt oder die Übung ganz ausgesetzt werden. Fühlt sich Scanning gut an, dann findet sich das richtige Zeitmaß wie von selbst.

Finden Sie heraus, wie viel Sie sich in Ihrer jeweiligen Lebensphase zumuten können und wollen. Erfahrungsgemäß verändert sich der Charakter dessen, was Sie beim Scanning erleben in den ersten Wochen und Monaten ständig. Mit sehr viel Übung können dann weniger wechselhafte innere Zustände zum Zuge kommen. In Lebenskrisen kann es sein, dass Sie wieder wie früher „turbulentere" Erlebnisse haben.

Übersicht und Zusammenfassung:

Grundübung: Allgemeines Wahrnehmen und Fühlen, was sich beim Blick nach innen zeigt

OPTION 2: Ausrichtung auf subtilere Körperempfindungen

OPTION 3: Ausrichtung auf positive Körperempfindungen und eventuell positive Gefühlsauszeichnungen von Gedanken und Vorstellungen

Und gegebenenfalls:
OPTION 4: Zulassende Wahrnehmung negativer Gefühle

OPTION 5: Desensibilisierung starker negativer Gefühle

Anwendung der Regeln:

Wie sollten die Regeln konkret angewendet werden? Müssen wir uns dieses Wissen beim Scanning ständig vergegenwärtigen und womöglich sogar lautlos vor uns hinsprechen? Auf gar keinen Fall!

Das könnte den Scanning-Prozess durch zuviel Bewusstheit und angespannte Aufmerksamkeit behindern. Wenn wir ständig analysieren und vergleichen, ob wir den Regeln entsprechen und was wir jetzt gerade erleben – beispielsweise positive Gefühle, angenehme Gefühle, neutrale Empfindungen –, dann ist der natürliche Fluss der Aufmerksamkeit gestört.

Sie sollten um alle diese Regeln genauestens Bescheid wissen, aber Sie müssen sie nicht ständig innerlich präsent haben. Die Beschreibung erscheint Ihnen womöglich komplizierter als in Wirklichkeit Scanning ist. Denn wir mussten Möglichkeiten und Eventualitäten beschreiben, die von unserer jeweiligen Verfassung abhängen. Und wir mussten zunächst einmal Klarheit darüber gewinnen, auf was wir eigentlich beim Gang nach innen stoßen.

Den meisten Menschen ist nicht bewusst, worum es sich bei Gefühlen handelt und wodurch sie sich von Empfindungen, Vorstellungen und Gedanken unterscheiden – ohne Unterscheidungen aber gleicht unser Vorgehen einem Halbblinden, der sich nur zögernd und stolpernd in der inneren Welt bewegt.

Im Grunde ist Scanning recht simpel: Wir wenden uns den inneren Phänomenen zu und nehmen es wie es kommt. Sobald wir uns verlieren und dies bemerken, kehren wir wieder zur zulassend-betrachtenden Haltung zurück.

Am Anfang werden wir allerdings in Kauf nehmen müssen, dass der natürliche Fluss des Scannings durch zu viel Bewusstheit und Begrifflichkeit behindert wird. Im Grunde ist dies die einzige ernst zu nehmende Schwierigkeit beim Erlernen von Scanning, da wir anders als bei anderen Methoden weder auf Suggestionen (z.B. im Autogenen Training) noch auf bestimmte Gefühle angewiesen sind, die sich mit Imaginationen verbinden sollen (wie in christlichen oder Yoga-Meditationen).

Vergegenwärtigen Sie sich dazu bitte einmal, wie man Auto fahren lernt. Am Anfang benötigt man dazu neben der Fahrpraxis auch begriffliche Unterscheidungen. Man muss wissen, was Gaspedal, Kupplung und Bremsen sind. Verwechslungen könnten zu Unfällen führen. Haben wir aber erst einmal gelernt, die Bedienungselemente zu unterscheiden und mit ihnen umzugehen, dann brauchen wir uns nicht mehr ständig die Funktionsweise der Pedale und

Schalthebel zu vergegenwärtigen, wir müssen sie auch nicht mehr benennen.

Das würde das flüssige Fahren sogar behindern. Unser Verhalten ist automatisch, ist habitualisiert worden.

In gleicher Weise werden auch die Unterscheidungen beim Scanning nur erworben, um praktisch mit ihnen umgehen zu können, und nicht aus theoretischem Interesse. Danach benötigen wir begriffliche Unterscheidungen eigentlich nur noch, wenn wir die Methode wegen einer Störung überprüfen wollen.

3 Was Scanning nicht ist

Scanning ist nicht lediglich Nichtstun oder Dösen. Man geht dabei nicht einfach nur seinen spontanen Gedanken und Phantasien nach.

Scanning ist auch kein systematisches Nachdenken. Scanning ist kein willentliches Entspannen, wie z.B. in der Progressiven Muskelentspannung. Scanning führt keine fremden Meditationsobjekte ein wie Mantras, Sutras, Mandalas oder zu visualisierende Bilder und Vorstellungen wie beim Yoga.

Scanning benutzt kein Koan wie im Zen und auch keine formelhaften Vorsätze wie im Autogenen Training. Scanning ist nicht identisch mit dem Körperfühlen bei Problemen in der Transzendentalen Meditation.

Scanning ist auch nicht einfach der sogenannten „Körper-Desensibilisierung" gleichzusetzen, wie ich sie an anderer Stelle beschreibe, obwohl Körperfühlen der TM und Körper-Desensibilisierung unserem Scanning im Ansatz gleichen.[2] Scanning ist demgegenüber umfassenderes, bewussteres Zulassen.

Scanning setzt darüber hinaus keine Suggestionen ein wie „Schwere", „Wärme", „Stirnkühle" beim Autogenen Training. Scanning ist auch keine starke Konzentration und angestrengte Achtsamkeit wie im Zen.

Wie wir inzwischen gelernt haben, ist Scanning trotzdem eine klar definierte, zielgerichtete Aktivität – allerdings mit sehr wenigen Regeln.

Scanning ist so zulassend, so unkonzentrativ,
unangestrengt und inaktiv wie möglich

Während beim Dösen die Aktivität auf das absolute Minimum reduziert wird, ist Scanning so etwas wie reduzierte

Aktivität an der Grenze zum Nichtstun. Nichtstun entspannt bekanntlich. Scanning verstärkt den Erholungsprozess durch seine zulassende, desensibilisierende und positive Fühlräume aufschließende Wirkung.

Scanning ist auch keine willentliche Entspannung. Natürlich spricht nichts dagegen, sich beim Scanning zu entspannen – ganz im Gegenteil. Wenn die Aufmerksamkeit nach innen auf Körperempfindungen, subtilere Körperempfindungen, positive Gefühle und vielleicht auch zu desensibilisierende negative Gefühle geht, ist es sehr hilfreich, sich zu entspannen.

Allerdings kann man nicht davon ausgehen, dass jeder immer schon in ausreichendem Maße über die Fähigkeit zur Entspannung verfügt. Bei hoher Stressbelastung nimmt die Fähigkeit zur Entspannung eher noch ab. In unserer schnelllebigen, hektischen Zeit mit allgegenwärtiger Reizüberflutung fällt es offenbar immer schwerer, sich zu entspannen – gerade deshalb ist Entspannung mehr gefordert als jemals zuvor.

Scanning ist ein außerordentlich leichter Weg in die Entspannung, auch ohne dass wir diese direkt suchen und anstreben müssten.

In der Einleitung wurde bereits darauf hingewiesen, dass Scanning sich hervorragend mit allen Arten von Entspannungstechniken und Meditationsformen kombinieren lässt. Normalerweise beschleunigt und vertieft Scanning die jeweilige Technik.

Scanning ist in den Schritten 1 bis 3 auch keine gezielte Desensibilisierung, wie wir sie aus der Verhaltenstherapie bei der Behandlung von Phobien kennen. Doch Desensibilisieren muss gar nicht immer zielgerichtet und bewusst sein:

Weichen wir negativen Gefühlen, Stimmungen und nicht mehr aus, versuchen wir nicht instinktiv zu verdrängen, dann wird unsere Haltung den inneren Phänomenen gegenüber nach und nach immer entspannter, unverkrampfter – weniger ängstlich. Das ist für viele Übende ein sehr unerwarteter Effekt. Man wird freier. Man wagt mehr. Die unbestimmte – und meist uneingestandene – Furcht vor dem eigenen Inneren, die viele Menschen plagt, schwindet. Es erscheint nahe liegend, das sich dieser freiere Umgang mit dem Inneren auch auf den Umgang mit der „Außenwelt" überträgt.

Beim Scanning vollzieht sich eine hochwirksame und quasi „beiläufige Desensibilisierung"

Denn beim Gang nach innen werden wir öfter mit störenden Gefühlen konfrontiert. Diese werden im Scanning für den Augenblick akzeptierend stehen gelassen, d.h., sie werden registriert, aber nicht verändert (Option 4). Gemeint ist hier nicht: für immer, als grundsätzliche Lebenseinstellung akzeptiert, sondern nur für die Zeit der Übung. Indem wir negativen Gefühlen nicht mehr ausweichen, wie es unsere natürliche Vermeidungshaltung nahe legt, indem wir sie nicht mehr fliehen, sondern kurz wahrnehmen und uns dann wieder den positiven Gefühlsaspekten zuwenden, werden Empfindlichkeiten ausgeschliffen, findet ein meist unbewusst bleibender Umlernprozess statt. Aus der Verhaltenstherapie ist seit langem bekannt, dass Ängste dann vom Nervensystem nicht mehr reproduziert werden, wenn die Lernkette der immer aufs Neue durch Angst erfolgenden Bestätigung der unerwünschten emotionalen Reaktion unterbrochen wird. Dieser Mechanismus dürfte einer der Gründe für den außerordentlichen Erholungseffekt des Scannings sein:

Die unbewusste oder auch bewusste Flucht vor dem negativen Gefühl führt zu Muskelanspannungen und in der Folge zur Erschöpfung. Wird das übertriebene Fluchtverhalten dagegen unterbrochen, können wir uns entspannen. Versuche mit noch gezielterem Zulassen von negativen Gefühlen zeigen darüber hinaus, dass Zulassen mit Entspannung einhergeht.

Ein kleines Experiment mag das verdeutlichen: Wenn wir im Liegen ein Bein angewinkelt über das ausgestreckte andere Bein legen, hängt das angewinkelte Bein je nach unserer Beweglichkeit ein wenig in der Luft.

Richten wir nun unsere Aufmerksamkeit auf die subtilere oder auch deutliche unangenehme Gefühlsspannung, die von Gewicht des Beines herrührt, und lassen dieses Unangenehmsein in neutral betrachtender Weise für den Moment zu, dann werden wir oft bemerken, dass das angewinkelte Bein noch einige Zentimeter tiefer nach unten sinkt.

Zulassen negativer Gefühle ist hier gekoppelt mit Entspannung!

Wenn man überhaupt Parallelen sehen will, dann ist Scanning noch am ehesten der Mantrameditation verwandt. In der Variante der Transzendentalen Meditation oder der modernen „Wortklangmeditation", wie ich sie an anderer Stelle systematisch entwickelt habe[3], richtet sich die Aufmerksamkeit ebenfalls auf subtilere Stadien der Erfahrung, hier jedoch auf die feineren Formen eines Wortklangs. Mantrameditation ist jedoch viel zielgerichteter.

Durch den Wortklang werden andere, natürliche Erfahrungen unterdrückt. Sie werden zwar zugelassen, wenn sie sich trotz der Ausrichtung der Aufmerksamkeit auf den Wortklang durchsetzen – aber eben nur gegen diesen Widerstand.

Scanning ist daher naturgemäß umfassender, kathartischer und natürlicher. Beim Scanning wird wie schon gesagt kein fremdes Element eingeführt, sondern das eigene Erleben zum Gegenstand der Betrachtung gemacht. Manche Menschen haben Vorbehalte gegen vorgegebene Meditationsobjekte. Sie erscheinen ihnen fremd und von unkalkulierbarer Wirkung und als Repräsentanten einer anderen Kultur.

Das Mantra (der „Wortklang") ist ihnen vielleicht unsympathisch und zeigt sich in einem negativen Gefühlsfeld, das den Eindruck vermittelt, künstlich erzeugt zu sein. (Obwohl solche Gefühle oft auf unseren Stresspegel zurückzuführen sind.) Oder aber sie argwöhnen, das Mantra habe wegen seiner Herkunft aus der hinduistischen Tradition und dem Yoga eine religiöse oder magische Bedeutung.

Solche Vorbehalte können den Prozess der an und für sich hochwirksamen Wortklangmeditation behindern. Wortklänge haben zudem Wirkungen auf das Nervensystem, die nicht im strengen Sinne vorhersagbar sind, obwohl hier durch jahrhundertealte, vor allem asiatische Meditationspraxis eine gute empirische Erfahrungsbasis gegeben ist.

Scanning setzt dagegen keine unkalkulierbaren Klangwirkungen ein!

Scanning ist auch kein simpler gedanklicher Prozess. Wir versuchen nicht wie z.B. in der kognitiven Verhaltenstherapie die Verstehensmuster und Werturteile unseres Lebens so zu korrigieren, dass negative Gefühle reduziert werden.

Allerdings lernen wir beim Scanning auf natürliche Weise, unsere Gedanken – und darunter sind viele so genannte „Wert-Obsessionen" – für den Augenblick stehen zu lassen, loszulassen. Schon dieses Loslassen wird als Erleichterung, als Möglichkeit, anders zu handeln empfunden. Statt Probleme beim Scanning auf der kognitiven Ebene zu lösen, vollzieht sich hier also so etwas wie eine

„strukturelle" Änderung durch Bewusstwerden und Loslassen.

Wie wir noch sehen werden, ist die Interpretation unseres
Lebens jedoch keineswegs bedeutungslos, sondern in er-
heblichem Maße ursächlich für unser Fühlen. Wir fühlen
uns so, wie wir denken. Wir sind Opfer oder Nutznießer
unserer Gedanken. Es ist daher nicht weiter verwunderlich,
dass auch der Scanning-Prozess jeweils ein Spiegel unseres
kognitiven Selbstverständnisses ist.

Durch ein besseres Verständnis unserer emotionalen
Grundlagen lassen sich jedoch viele kognitive Irrtümer korrigieren. Dies geschieht nicht mit intellektuellen Mitteln
innerhalb des Scannings, sondern bei seiner Vorbereitung
und Vertiefung. Es geschieht weniger individuell als allgemein durch Klärung unserer „emotionalen Grammatik".

So gesehen sind auch die Erläuterungen zum Scanning
nichts anderes als kognitive Therapie: Ein möglicherweise
schiefes Verständnis unser Gefühle, Emotionen, Stimmungen, Affekte, Wünsche und Wertvorstellungen wird so korrigiert, dass im Scanning produktiv, d.h. bewusst machend,
Freiheit schaffend und erleichternd umgegangen wird.

4 Scanning vertiefen und verstärken

In diesem Kapitel vertiefen wir unser Selbstverständnis durch grundlegende emotionale Einsichten, um Scanning noch effektiver zu machen. Es hat sich gezeigt, dass die meisten Menschen nur vage Vorstellungen davon besitzen, was Gefühle sind und was sie mit ihren Emotionen, Stimmungen, Affekten und Bewertungen zu tun haben. Es sind sehr oft „Bewertungs-Obsessionen" und Bewertungsirrtümer, die unnötiges Leiden verursachen.

Stellen Sie sich vor, Sie gelangen auf Ihrer Urlaubsfahrt in ein Dorf, das nur aus wenigen Häusern besteht. Der nächste Ort ist eine Dreiviertelstunde entfernt. Es gibt zwar einen winzigen Tante-Emma-Laden, aber keinen Gasthof. Rundum, so weit das Auge reicht, nur Felder und Wiesen – kein Fluss, kein See, keinerlei andere Abwechslung.

Das Dorf und seine Umgebung sind zwar nicht ausgesprochen hässlich, aber hier ist rein gar nichts los – hier „liegt der Hund begraben", würde man sagen. Sie kaufen im Dorfladen ein, und zu Ihrer Überraschung macht das hübsche junge Mädchen hinter der Theke einen überhaupt nicht gelangweilten Eindruck. Es wirkt gut gelaunt und intelligent und bedient Sie ausgesprochen freundlich und hilfsbereit.

Umso mehr bedauern Sie das Mädchen, als Sie den Dorfladen wieder verlassen haben: Was kann ein begabter junger Mensch wie sie an einem so verlorenen Ort schon werden? Wie „schlägt man hier eigentlich die Zeit tot"?

Vermutlich teilen Sie diese Einschätzung mit den meisten Menschen. So lange uns niemand die verborgenen Schönheiten und Attraktionen, den unbekannten Reiz des Dorfes offenbart hat, wird man sich kaum davon überzeugen lassen, dies sei ein Ort, an dem es sich zu leben lohnt.

Das Beispiel eignet sich gut, um zu verdeutlichen, in welch irreführender Weise wir oft mit unseren Gefühlen umgehen. Wir neigen nämlich dazu, unsere individuellen Bewertungen auf das Erleben anderer übertragen. Was uns selbst nicht gefällt, was für uns keine Perspektive hat, das dürfte doch wohl – so eine gängige Unterstellung – auch für andere nicht attraktiv sein. Wir neigen zu Verallgemeinerungen.

Der Grund dafür ist leicht einzusehen: Schließlich sind die Umstände doch „objektiv" so, wie wir sie wahrnehmen. Hier gibt es nun einmal kein Kino, kein Theater und keine Diskothek, ja nicht einmal einen Gasthof. Und es fehlt an landschaftlichen Sehenswürdigkeiten. Wahrscheinlich leben in den fünf Häusern des Dorfes nicht einmal Gleichaltrige, mit denen man sich austauschen könnte. An den Verhältnissen der meisten Menschen gemessen ist das Angebot also mehr als beschränkt.

Und doch unterliegen wir hier nur zu leicht einem folgenreichen Trugschluss. Es mag zwar durchaus sein, dass das Mädchen aus genau den beschriebenen Gründen mit seinem Leben unzufrieden ist. Geben wir sogar zu, dass die Wahrscheinlichkeit dafür recht hoch ist. Trotzdem können wir seine Einschätzung nicht sicher voraussagen. Woran liegt das?

Bewertungen hängen zwar auch von unseren (intellektuellen) Einschätzungen ab. Viel entscheidender aber sind unsere (unwillkürlichen) Gefühlsantworten. Wie man fühlt, lässt sich aus den objektiven Tatsachen (unserer Erfahrungswirklichkeit) jedoch nur beschränkt ableiten.

Einige Gefühle sind allgemeingültig oder annähernd allgemeingültig, d.h., sie kommen bei allen oder vielen Individuen in ähnlicher Weise vor. Wenn man geschlagen oder gefoltert wird, wenn man krank ist oder gegen seinen Willen hungern muss, dann können wir mit einiger Wahrscheinlichkeit voraussagen, dass man sich dabei nicht gut fühlt, dass man leidet. In elementaren Lebensbereichen gleichen sich Gefühle bei verschiedenen Individuen: Hunger, Durst, Müdigkeit, Sorge, Angst, Trauer, Schmerzen stellen für alle belastende, unangenehme oder auch schmerzliche Gefühle dar.

Darüber hinaus sind aber Gefühle oft individuell und haben über weite Strecken nicht einmal annähernde Allgemeingültigkeit.

Ob jemand unter einem beschränkten Unterhaltungsangebot oder fehlenden landschaftlichen Sehenswürdigkeiten leidet, ist daher viel weniger sicher vorauszusagen. Aber auch auf Beleidigungen, Stress, Eifersucht auslösende Situationen, Ärger, Wünsche usw. reagieren wir oft individuell. (Erziehung, Moden, Bräuche, Konventionen schaffen allerdings auch hier eine gewisse Gleichförmigkeit des Fühlens.)

In all diesen Fällen sind Gefühle im Spiel, und der Grund für ihre mangelnde Voraussagbarkeit liegt in einer Eigenart des Fühlens. Gefühle sind kontingent.

Kontingenz bedeutet: Das Zusammengehen von Objekten (Eigenschaften, Gegenständen, Verhältnissen, Regeln, Abläufen, aber auch Gedanken und Vorstellungen) mit Gefühlen ist nicht wesensnotwendig, sondern nur „zufällig".

Anders ausgedrückt: Ob ein Aroma (das ist das Objekt) uns schmeckt (das ist das Gefühl) oder nicht schmeckt, gehört nicht notwendig zusammen. Beides ist möglich, und zwar zu unterschiedlichen Graden und unterschiedlich zu verschiedenen Zeiten – und erst recht natürlich verschieden bei verschiedenen Individuen.

Kontingenz besagt dagegen nicht, dass Gefühle keine bekannte oder unbekannte Ursache haben! Kontingenz ist lediglich das Gegenteil von Notwendigkeit. Dass es Gefühle gibt, mag hinsichtlich ihrer tatsächlichen Ursache ein notwendiges Ergebnis sein, aber eben nur hinsichtlich der Ursache. Gehörten Objekte und Gefühle immer und ausschließlich zusammen, dann benötigten sie gar keine Ursache, da sie bereits zwangsläufig mit dem Objekt gegeben wären.

Was genau ist unter solcher „Wesensnotwendigkeit" zu verstehen? Dazu einige Beispiele:

Die Strecke vom Mittelpunkt eines Kreises zum Rand ist notwendig immer gleich, sonst handelt es sich nicht um einen Kreis. Weiß ist notwendig heller als Schwarz. Stühle besitzen notwendig eine Lehne. 12 mal 12 ist notwendig gleich 144. Die kürzeste Verbindung zwischen zwei Punkten ist notwendig die Gerade.

• Genau in diesem Sinne gehen Gefühle und Objekte durch die oder mit denen sie erlebt werden, keine notwendige Verbindung ein.

Man könnte die Frage, welche Rolle Gefühle im Leben spielen, für eine psychologisch-philosophische Spitzfindigkeit halten. Tatsächlich aber hat die jeweilige Antwort weit reichende praktische Folgen für unser Leben. Welche Gefühle das Mädchen im Dorfladen hat, ist nämlich wegen genau dieser Kontingenz allenfalls zu vermuten. Es mag sein, dass das Mädchen ausgerechnet die Ruhe des Landlebens schätzt. Es mag sein, dass es Diskotheken abscheulich, Museen uninteressant und Theater langweilig findet. Dass aber die Blumen am Wegrand, der Morgennebel über den Wiesen und die Weite des Landes ihr höchstes Entzücken hervorrufen ...

Vielleicht lebt es in diesem verlassenen Dorf sogar mit seiner großen Liebe zusammen? Oder es findet einen kleinen, überschaubaren Kreis von Menschen in den wenigen Häusern des Dorfes geselliger als die Anonymität der Großstadt? Vielleicht malt oder komponiert es in seiner Freiheit?

Vielleicht handelt es sich sogar um eine kluge Psychologin, die gerade ihre Doktorarbeit über die Rolle Gefühle im Leben schreibt? Kurz gesagt: Vielleicht führt das Mädchen ja ausgerechnet hier in der Abgeschiedenheit ein erfülltes Leben, wie es den meisten von uns gar nicht beschieden ist?

Der Grund für solche unterschiedlichen Bewertungen kann offensichtlich in zweierlei liegen:

1) Es mag Umstände geben, die wir noch nicht kennen, die aber, wenn wir sie kennen würden, *dieselben* Gefühle in uns hervorrufen würden wie bei dem Mädchen.

2) Es mag aber auch Umstände geben, die bei uns und dem Mädchen völlig unterschiedliche Gefühle auslösen. Und die tiefere Ursache dafür liegt in der Kontingenz der Gefühle. Gefühle lassen sich nicht per Knopfdruck auslösen. Gefühle sind nicht „einklagbar".

Man kann niemanden darauf festlegen, bestimmte Gefühle zu haben!

Manchmal ist gleichartiges oder ähnliches Fühlen nützlich für unser Leben in der Gesellschaft, z.B. in der Mode, beim Sex oder bei der Kommunikation. Moralischen Gefühlen etwa kann man eine positive Funktion für das Überleben zuschreiben.

In vielen Fällen jedoch ist Fühlen lediglich individuell. Deshalb hat es gar keinen Zweck, jemandem erklären zu wollen, was angenehm, attraktiv, schön, interessant unterhaltsam oder wünschenswert ist. Wenn jemand beweisen will, warum ein Gedicht, eine Malerei schön sei, so der Philosoph Immanuel Kant: "halte ich mir die Ohren zu". Letztlich muss jeder selbst herausfinden, was für ihn gilt, indem er seine ganz persönliche Gefühlsantwort entdeckt.

Über Geschmack lässt sich nicht streiten, erklären wir

zwar gern – und praktizieren doch – oft unbewusst – ein Diktat der Gefühle. Wir versuchen anderen unsere Gefühle aufzuoktroyieren, weil wir gar nicht bemerken, dass es sich auch bei uns lediglich um kontingente Gefühle handelt.

Gefühle vermitteln uns oft fälschlich den Anschein der Objektivität und Allgemeingültigkeit.

Vermeintliche Allgemeingültigkeit und Richtigkeit des Fühlens führt jedoch oft zu Fehlurteilen über das eigene Leben und zu Konfrontation und Streit darüber, wie man leben soll. Lebenskrisen und Krankheiten werden wegen fehlender Einsicht in den Charakter der Gefühle falsch eingeschätzt. Der Grund für diese Missverständnis liegt in unserem mangelnden Wissen über Gefühle.

In den letzten Jahren ist es uns zwar gelungen, zum Mond zu fliegen und unser Erbgut zu entschlüsseln. Fragt man jedoch jemanden, was genau unter „Gefühl" zu verstehen ist, dann wird er darauf ebenso wenig eine klare Antwort geben können wie die meisten Psychologen und Therapeuten.

– Das ist ein ziemlich erstaunlicher Befund, da Gefühle, wie sich noch zeigen wird, alle unsere Werterfahrungen begründen.

Ohne Gefühle könnte man das Leben gar nicht schätzen und genießen. Wir würden lediglich unsere „Wertmeinungen" bekunden und blieben auf der intellektuellen und ideellen Ebene stecken. Ein Theaterbesuch wäre dann genauso wenig attraktiv wie gutes Essen, Sex oder Musik. Krankheiten und Schmerzen wären so belanglos, dass es niemandem einfallen würde, deshalb zum Arzt zu gehen oder Schmerztabletten zu nehmen.

Auch Scanning wird mit mehr Wissen über unsere Gefühle effektiver!

Denn beim Scanning werden wir ständig mit Gefühlen,

Emotionen und Stimmungen konfrontiert. Daher verbessert Scanning unsere Wahrnehmungsfähigkeit auch subtilster Gefühle. So wächst unser Selbstverständnis. Wir sehen klarer, was mit uns geschieht. Wir können unsere Bewertungen relativieren, denn diese hängen eng mit dem zusammen, was wir fühlen – mit unseren „Wertgefühlen".

Durch Scanning können wir leichter eingreifen, wenn uns Gefühle zu übermannen drohen. Wir können gegensteuern, damit Gefühle uns nicht weiter manipulieren. Wir können nötigenfalls desensibilisieren. Wir lernen effektiver mit unseren Gefühlen umzugehen. Effektiver – das bedeutet: positive Lebenserfahrungen werden verstärkt und unnötiges Leiden wird vermindert.

Im folgen Abschnitt werden alle jene immer noch zu wenig bekannten Charakteristika des Gefühls beschrieben, die nicht nur die Wirkung des Scannings verbessern, sondern darüber hinaus viele emotionale Irrwege im Leben vermeiden. Solche Unterscheidungen sind zweifellos nicht das, was „Otto Normalverbraucher" über seine Gefühle und Werturteile wissen möchte. Doch hier stellt Wissen einen überraschend wirksamen Schlüssel für ein produktiveres, emotional weniger belastendes und gesünderes Leben dar.

a) Gefühle verstehen

Es ist kaum zu glauben: aber die meisten Menschen verstehen ihre Gefühle nicht …

Man könnte meinen, von Gefühlen müsste man auch gar nicht mehr verstehen, als wir ohnehin schon wissen. Das wäre richtig, wenn wir immer befriedigend mit unseren Gefühlen umgingen. Leider beweisen unsere großen und kleinen Lebenskatastrophen eher das Gegenteil. In Gefühlsfragen sind wir oft merkwürdig „blind". Wir haben zwar Gefühle, und glücklicherweise handeln wir auch oft aus dem Bauch heraus vernünftig. Aber dieses Handeln ist überwiegend intuitiv. Wir wissen nicht so recht, was wir eigentlich tun.

Darin gleicht unser Leben einem Autofahrer, der weder Bremspedal noch Kupplung und die Bedeutung der Verkehrszeichen kennt, aber während der Fahrt so lange herumexperimentiert, dass er einigermaßen ungeschoren durchkommt.

Dies gilt für Hausfrauen, Schüler, Arbeitnehmer und Universitätsprofessoren gleichermaßen. In der Fachliteratur ist unsere Ratlosigkeit, was genau es mit unseren Gefühlen auf sich hat, ein offenes Geheimnis. Kein Experte hat bisher ein Konzept gefunden, mit dem es zu einem ähnlich hohen Maß an wissenschaftlicher Übereinstimmung käme wie z.B. in der Physik oder bei der medikamentösen Behandlung von Depressionen. Daher ist es auch nicht weiter verwunderlich, dass selbst Therapeuten und Ärzte von diesem Defizit betroffen sind. Wobei man sarkastisch anfügen könnte: ein Mangel, der vielen noch gar nicht aufgefallen ist.

Fragen Sie doch einmal Ihren Therapeuten, was genau er unter den Gefühlen, Emotionen, Stimmungen und Affekten versteht, zu deren Behandlung Sie in seine Praxis gekommen sind! Mit etwas humanistischer Bildung wird er sich vielleicht damit herausreden, das sei seit den antiken Philosophen Aristippos und Epikur eine immer noch ungelöste Frage. Und vielleicht wird er hinzufügen, dass wir doch eigentlich ganz gut ohne solche Definitionen durchs Leben kämen. Im Folgenden werde ich zeigen, dass dies ein verhängnisvoller Irrtum ist.

Wenn es überhaupt so etwas wie eine gesellschaftlich Übereinkunft für den Umgang mit Gefühlen gibt, dann lautet sie:

– Man soll sich nicht von seinen Gefühlen „übermannen lassen".

– Man soll seine Gefühle „unter Kontrolle halten" und nicht „gefühlsselig" sein, „nicht emotional werden".
– Wir sollen rational denken, nüchtern bleiben und immer die „Ruhe behalten".

Gefühle sind nach weit verbreiteter Meinung mehr oder weniger obskur und hinderlich, ja sogar schädlich oder gefährlich. Selbst positives Fühlen wie Vergnügen und Unterhaltung oder Gefühle, die mit Sex, Erotik, Macht, Ruhm oder Gier einhergehen, sollten nicht die Überhand gewinnen, empfiehlt man uns. Lust, zumal außereheliche oder womöglich sogar homosexuelle Lust, gilt nicht allein der katholischen Kirche als suspekt.

Wir sind zwar etwas weniger lustfeindlich als früher, glauben aber immer noch, die Arbeit um der Arbeit willen schätzen zu sollen, die Moral um der Moral willen, das Leben um des Lebens willen. Gefühle spielen dabei höchstens eine marginale Rolle.

Allenfalls wird noch konstatiert, dass manche Gefühle (wie Trauer) oder einschneidende Lebenserfahrungen (z. B. schwere Krankheiten) uns durch Leiden „stärker machen" und „weiterbringen". Und die Mühsal des Lernens und der Arbeit findet vielleicht ihren Lohn in materieller Sicherheit, Wohlstand und Vorsorge für das Alter. Im Übrigen sei das Leben ohne negative Gefühle doch „langweilig".

Fragt man jemanden, der so argumentiert, wie er seinen Standpunkt begründen könnte, dann herrscht meist beredtes Schweigen. Sind diese Forderungen und Ansichten denn nicht evident? Muss man darüber noch diskutieren? „Nicht emotional" zu werden oder „seine Habgier zu zügeln" erscheinen den meisten als plausible, sozusagen sich selbst erklärende Werte.

Aber was ist eigentlich evident daran, seine Habgier zügeln zu sollen? Warum sollte ich nicht so viel haben wollen, wie ich mir wünsche? Warum sollte ich nicht emotional werden? Was genau spricht denn gegen „zu viel" Lust an der Macht?

Bei der Antwort auf diese Fragen wird unser blinder Fleck in Sachen Gefühl offenbar. Und diese Unwissenheit bleibt nicht ohne Folgen. Inzwischen hat sich nämlich immer mehr bestätigt, dass unsere Unwissenheit hinsichtlich des Phänomens „Gefühl" nicht nur für viele Tragödien im Privatleben verantwortlich ist, sondern ein noch viel tragischeres Unwesen in Politik, Wirtschaft und Kultur treibt – genau genommen in allen gesellschaftlichen Bereichen des Lebens: Wir führen Kriege nicht zuletzt auch deswegen, weil wir unsere Gefühle nicht verstehen. Wir unterdrücken Menschen und zwingen ihnen unsere Meinung auf. Wir schlagen uns wegen unserer Gefühle und der mit ihnen einhergehenden Werturteile die Köpfe ein. (Überall auf der Welt geschieht dies jeden Tag!) Wir streiten, morden, vergewaltigen wegen unserer Gefühle.

Und für all diese Probleme ist, neben anderen Gründen, leider auch allzu oft unsere Unwissenheit in Sachen Gefühl verantwortlich.

Hitler, Stalin, Pol Pot, Idi Amin, Saddam Hussein – offenbar findet die Geschichte immer wieder mit Leichtigkeit ihren gerade passenden Protagonisten für emotionale Dummheit.

b) Attractio und Aversio

Am Alltag wird der Gefühlsbegriff meist zu eng verstanden, nämlich fast ausschließlich nur im Zusammenhang mit gedanklich erfassten Bedeutungen:

Wir sind z.B. eifersüchtig oder haben ein Minderwertigkeitsgefühl, und diese Art des Gefühls setzt sich im Wesentlichen aus zwei Komponenten zusammen, der kognitiven und der emotionalen:

Bei der Eifersucht fürchten wir um unseren Lebenspartner und das ist die Bedeutungskomponente („kognitiv"). Die erfasste Bedeutung ist also das, „worum es geht", der Sachverhalt, so wie wir ihn gerade interpretieren. Bei der zweiten wesentlichen Komponente des Gefühls der Eifersucht handelt es sich um sein Unangenehmsein, und hier vor allem auch um das Schmerzlichsein („emotional").

Beim Minderwertigkeitsgefühl verhält es sich genauso. Man glaubt, man sei nicht „genug wert" oder nicht so viel wert wie andere. Auch das ist als erfasste Bedeutung lediglich eine mehr oder weniger zutreffende Interpretation. Und auch hier bezieht unser Selbstverständnis erst wieder seine emotionale Schlagkraft daraus, dass es schmerzlich, dass es unangenehm ist. Diese letztere Komponenten aber ist die wesentliche und unentbehrliche Eigenschaft jeden Gefühls.

– Versuchen Sie sich doch einmal vorzustellen, es sei kein schmerzliches, also unangenehmes Gefühl, Ihren Lebenspartner an jemand anders zu verlieren. Was glauben Sie denn, bliebe dann noch von Ihrer Eifersucht übrig? Dann handelte es sich nur noch um bloße Sacheinsicht, so nüchtern und emotionslos, als ginge es um die Wasserkostenabrechnung Ihres Nachbarn.

Ohne die Komponente des Gefühls erleben wir nämlich nur gedanklich erfasste Probleme. Erst durch den Faktor Angenehm- und Unangenehmsein wird das Problem „emotional". Erst dann wird das Problem im eigentlichen Sinne fühlbar und damit bedrängend.

Ich kann noch so oft denken „Das Leben ist schrecklich" oder umgekehrt „Das Leben ist lebenswert." Erst wenn solche Werturteile auch mit entsprechender Gefühlsantwort erlebt werden – und nur so lange dies der Fall ist –, wird aus dem Urteil eine wahre Charakterisierung.

Doch Gefühlswahrnehmungen beschränken sich keineswegs nur auf den Bereich der Kombination von gedanklich erfassten Bedeutungen und Gefühlskomponenten. Tatsächlich finden wir Gefühle in allen Erfahrungsbereichen. Jede Art von Sinnesempfindungen und Körperempfindungen kann sich mit der Gefühlskomponente verbinden:

VISUELLE WAHRNEHMUNG:

Wir sind beeindruckt von einem „schönen Sonnenuntergang" und erleben dabei unsere Sinneseindrücke mit der Einfärbung des Angenehmseins. Wir sehen den Sonnuntergang durch eine Art (meist unbemerkter) „Gefühlsbrille". Und erst diese Einfärbung macht das Erlebnis zu dem, was es ist. Würde sie fehlen, verlöre das Bild jegliche Attraktivität für uns. Unseren Nachbarn lässt der Sonnenuntergang vielleicht mehr oder weniger „kalt". Und damit ist nicht etwa das Fehlen der Empfindung realer Wärme gemeint, sondern die „Wärme" des positiven Gefühls.

GESCHMACK:

Wir essen ein Steak – sagen wir einmal, mit schmackhafter Pfeffersauce –, und auch hier erleben wir genauso wie beim visuellen Eindruck des Sonnenuntergangs eine positive Gefühlseinfärbung – diesmal jedoch verbunden mit der jeweiligen Aromawahrnehmung. Dass dabei Aroma und positiver Geschmack nicht einfach gleichzusetzen sind (wie man meist naiver Weise annimmt), lässt sich daran erkennen, dass die ersten ein- bis zweihundert Gramm Steak noch munden mögen. Die doppelte und dreifache Menge aber schon nicht mehr. Und dies, obwohl das Aroma gleich bleibt.

AKUSTISCH:

Wir hören ein Musikstück und erleben die Tonwahrnehmung durch die „Brille des Angenehmseins". Das Zusammenspiel von Instrumenten, Akkorden, Begleitung und

Melodie, vielleicht verbunden mit Gesangsstimmen, reicht niemals aus, um ein Musikgenuss zu erleben – genauso übrigens, wie es auch nicht ausreicht, es nicht zu mögen. Es genügt nicht, nur akustisch wahrzunehmen. Und auch, wenn wir dabei denken: „Was für ein interessantes Stück!", begründet das noch keine Wertwahrnehmung, entsteht noch kein Hörgenuss. Mit solchen Werturteilen bewegen wir uns lediglich auf der intellektuellen Ebene. Zum Hörgenuss bedarf es der Einfärbung der Klangwahrnehmungen durch das positive Gefühl. Auch hier erkennt man leicht, dass Klangcharakter, Urteil und Genuss nicht einfach gleichzusetzen sind: Müssten wir dasselbe Stück hundertmal hintereinander hören, würden wird der Musik schnell überdrüssig. Die angenehme Gefühlseinfärbung verwandelte sich dann nämlich in eine unangenehme.

GERUCH:
Wir riechen ein Parfüm und erfahren den Geruchseindruck als anziehend oder abstoßend. Ein anderer erlebt jedoch womöglich das, was wir als unangenehm empfinden als angenehm. In einigen Fällen mögen sich unterschiedliche Erlebnisse zwar auf unterschiedliches Riechvermögen zurückführen lassen. Es ist jedoch sicher auszuschließen, dass dies für alle Fälle gilt. Wenn man sich an einen unangenehmen Geruch gewöhnt – z.B. den fauligen Geruch, der Haushaltsgas aus Sicherheitsgründen beigemischt wird –, dann verliert man damit nicht den Geruchssinn für die Geruchs-*qualität*, sondern lediglich seine Abneigung. Und diese beruht eben auf dem Gefühlsfaktor, der Gefühlseinfärbung.[4]

EMPFINDUNGEN:
Gleiches gilt für unsere Körperempfindungen. Warm und kalt, hart und weich, spitz oder stumpf, angespannt oder entspannt usw. können sich angenehm oder unangenehm anfühlen. Warmes Wasser kann zunächst angenehm sein,

exakt dieselbe Temperatur kann aber später unangenehm werden. Empfindungen dienen dabei offenbar in vielen Gefühlen, die sich mit Sinnesempfindungen verbinden, dazu, der Gefühlskomponente ein zusätzliche Qualität zu verleihen.

Wichtig für die Technik des Scannings – und vielleicht sogar noch wichtiger für unser Selbstverständnis als Mensch – ist dabei, dass es *keine logische Richtigkeit* der Zuordnung des Gefühlsaspekts zur Sinneswahrnehmung und Empfindung geben kann. Gefühle können immer nur *zweckmäßig als Mittel* sein bezogen auf irgendeinen Ziel, z.B. das Überleben, die Gesundheit, die Fortpflanzung oder auch, weil solche Gefühle überhaupt erst Werterfahrungen ermöglichen.

Dass man hier selten klar sieht, liegt an einem sprachlichen Mangel. Es gibt für das allgemeine positive Gefühl genauso wenig einen umfassenden Begriff wie für das negative Gefühl. Unsere Sprache hat für Angenehm- und Unangenehmsein keinen die ganze Skala positiver und negativer Gefühle umfassenden Begriff entwickelt, daher fiel der Sachverhalt (weitgehend) durch unser Wahrnehmungsraster. Lust, Freude, Wohlbehagen, Zufriedenheit oder Leiden, Schmerz, Angst, Unbehagen decken nach dem Sprachgebrauch immer nur Teilbereiche positiver und negativer Gefühle ab. Wofür wir aber keinen Begriff haben, das wird leicht übersehen.

Dies mag ein Grund dafür gewesen sein, das Psychologen und Philosophen seit dem Altertum nicht bemerkten, dass Lust und Freude, Wohlbehagen und Zufriedenheit aus derselben Quelle gespeist werden: dem Angenehmsein des Gefühls. Und dass die Quelle für Angst, Schmerz, Unwohlsein, Verstimmung, Ärger ebenfalls immer dieselbe ist: Unangenehmsein in der ganzen Bandbreite möglicher Erfahrungen. Im Folgenden werden wir daher mangels anderer traditioneller Begriffe das positive Gefühlsmoment *Attractio* (von Spätlateinisch „das Ansichziehen") und das negative Gefühlsmoment *Aversio* (von Lateinisch āversio – „das Sichabwenden") nennen.

Die Natur verfügt so gesehen nur über zwei sehr einfache Methoden, um Objekte neben der intellektuellen Einsicht in Werte als Mittel für uns begehrenswert oder abstoßend zu machen und uns zu motivieren: die Gefühlsauszeichnungen von Wahrnehmungen durch Attractio und Aversio.

Attractio:
Wenn uns der Wein mundet, die Schwarzwälder Sahnetorte schmeckt, wenn uns ein Bergpanorama in seinen Bann schlägt, oder die erotische Ausstrahlung einer schönen Frau, wenn uns das Bad im See erquickt, ein Musikstück fasziniert, wenn uns das Lob unseres Chef schmeichelt, wenn wir erleichtert sind, gerade noch einmal mit dem Leben davongekommen zu sein, wenn uns Hilfsbereitschaft in größter Not rührt – immer ist dafür einzig und allein die Attractio zuständig. Die Dinge liefern sozusagen nur die inhaltlichen Zutaten für die Gefühlsantwort.

Ohne Gefühl, ohne Attractio wären sie nichts, gäbe es kein Wohlbehagen, keine Zufriedenheit, kein Glück, keine gute Laune – keine Werte.

Oder besser gesagt: Dann wären sie nur das, was sie sind: groß oder klein, farbig und rund, nah oder fern, dieser oder jener Form.

Falls Sie hier noch nicht ganz klar sehen, dann stellen Sie sich doch bitte selbst ernsthaft folgende Fragen: Können Werte lediglich „gedacht" werden? Sind Werte womöglich einfach den Objekten, Eigenschaften und Funktionen gleichzusetzen? Oder müssen Werte „gefühlt" werden?

In gewissem Sinne können Werte zweifellos gedacht werden. Denke ich an den Wert der Gerechtigkeit, dann kann ich diesen Wert schätzen und hoch veranschlagen als nützliche Verhaltensweise in der Gesellschaft. Ich kann ihn wollen, ich kann ihn vermissen, wenn er nicht realisiert ist. Und in all diesen Arten des Umgangs wird der Wert „gedacht". Untersuchen wir jedoch genauer, in welcher Weise dieser gedacht Wert eigentlich existiert, dann zeigt sich, dass es sich lediglich um einen „ideellen Wert" handelt.

Ein Beispiel mag dies verdeutlichen: Ich habe vier Kinder, teile einen Apfel in drei Stücke und gebe drei Kindern je ein Stück, das vierte Kind geht dagegen leer aus. Geschieht dies nicht aus anderen erzieherischen Gründen, dann werden wir ein solches Verhalten als ungerecht bezeichnen. Hier ist der Wert der Gerechtigkeit nicht realisiert.

Erfasst – gedacht – wird dieser Wert durch unser Verständnis der Situation, das wiederum die reale Situation widerspiegelt. Nehmen wir ferner an, das leer ausgegangene Kind sei darüber, dass es keinen Apfel erhält, gar nicht unglücklich, vielleicht, weil es gerade keinen Apfel mag.

Dann erscheint es schwierig, in dieser individuellen Situation noch vom Wert der Gerechtigkeit zu reden. Im ideellen Sinne würden wir zwar immer noch von Wert reden. Aber dabei fehlt noch der Bezug auf das tatsächliche Begehren des Kindes, seine realen Gefühle.

In einer Situation mag das Fehlen von Gerechtigkeit als Mangel erfahren werden – und zwar genau und nur dann, wenn wir auch tatsächlich so fühlen. In einer anderen Situation mag Gerechtigkeit als Vorteil gesehen werden – und zwar wiederum genau und nur dann, wenn wir wirklich so fühlen: wenn wir positives Fühlen hervorrufen oder negatives Fühlen vermeiden. In allen anderen Fällen handelt es sich nur um ideelle Werte, denen der Bezug zur Realität fehlt.

Alles Wertvollsein, das wir im Leben erfahren, wird also in letzter Instanz durch Fühlen konstituiert. Fühlen ist immer der Endwert. Alle anderen Werte sind letztlich nur Werte als Mittel, die solchen gefühlten Endwerten zuarbeiten müssen, sollen sie zu Recht Werte genannt werden.

Man kann jedoch auch nicht sagen, die Dinge bedeuteten deswegen wenig oder gar nichts in unserem Werterleben, denn einerseits sind schließlich sie es, die positive Gefühle hervorrufen. Sehr oft aber, besonders in ästhetischern Erfahrungen, erleben wir eine qualitative Einheit und gar keine simple Aufeinanderfolge von Objekt und Gefühl.

Aus den inhaltlichen Qualitäten des Objekts und dem Gefühl entsteht so eine dritte, neue Qualität.

Sind wir abends voller ehrfurchtsvollem Staunen und gebannt vom Anblick des Sternehimmels über uns, dann ist es eben nicht nur das Gefühl, dass diesem Erlebnis seinen Wert verleiht, sondern das Bild einschließlich des Wissens über die Weite und Größe des Raumes und die darin sichtbar werdende Schöpferkraft, also erst jene charakteristische Verbindung von Gefühl (als Angenehmsein und Attraktivsein) und inhaltlichen Eigenschaften wie Schwärze, Tiefe, Lichtpunkten und erfasster Bedeutung, z. B., dass es sich um ferne Sonnen und Galaxien handelt.

Die Attractio hat folgende Eigenschaften: Sie ist lustvoll, attraktiv, angenehm, anziehend, „in-sich-selbst-wertvoll". Ihr Angenehmsein zeigt sich unmittelbar, anschaulich und evident. Ihre Anziehungsqualität erweist sich darin, dass sie – für sich allein gesehen – bei direkter Erfahrung von jedermann gewollt wird. Sie wird nur abgelehnt, wenn dafür Gründe sprechen, die nicht in ihrer ummittelbaren attraktiven Anschauung liegen (z.B., wenn bei der durch Heroin verursachten Lust erkannt wird, dass dieses Rauschgift die Gesundheit schädigt und abhängig macht).

Die Attractio begründet unsere Werterfahrungen

Nach dem gegenwärtigen Stand der Neurowissenschaft agiert dabei unser limbisches System, das für das Fühlen zuständig ist, u.a. mit dem so genannten Mandelkern, dem Hippocampus und Bereichen der Großhirnrinde. Dopamin, Serotonin sind wichtige chemische Komponenten in dieser Interaktion.

Stellen Sie sich vor, Sie essen eine Praline. Falls sie Ihnen schmeckt, wird wie beim Sex oder positiven Überraschungen der Botenstoff Dopamin freigesetzt und ruft ein Glücksgefühl hervor.

Doch der physiologische Hintergrund kann uns, sofern wir nicht Wissenschaftler oder Ärzte sind, eigentlich gleichgültig sein. Denn was uns dabei positiv oder negativ zu schaffen macht, ist nicht die physiologische Außensicht, sondern die *Innenansicht* der Gefühle. Und dafür ist die Attractio verantwortlich. Wie fühlt sich das an, was wir erleben?

Dabei ist die Attractio eine Erlebniskategorie *sui generis*, d.h. grundsätzlich verschieden von Körperempfindungen (z.B. Spannung, Wärme), Sinnesempfindungen, Gedanken, Vorstellungen und Wollensintentionen. Sie kann sich jedoch mit all diesen Erfahrungen verbinden. Dass es sich bei der Attractio um eine Kategorie *sui generis* handelt, macht es plausibel, sie für das wesentliche Moment des Begriffs „Gefühl" in Anspruch zu nehmen.

Um beim Beispiel der Praline zu bleiben: Ohne dafür ein zusätzliches Prinzip zu verwenden, hätte die Natur gar keine Möglichkeit, uns zu zeigen, dass die Praline schmeckt. Der bloße Aromaeindruck wäre dafür auf gar keinen Fall ausreichend. Denn der Körper muss uns ja, um uns Energie und Inhaltsstoffe zuzuführen, mit Geschmackswahrnehmungen überzeugen.

Dabei steuert er unser Verhalten durch Attractio und Aversio. Wenn aber die Inhaltsstoffe der Nahrung immer gleich schmecken, z.B. allein angenehm durch das Aroma – wie sollte er dann einen Unterschied machen für den Fall, dass solche Stoffe gerade nicht erwünscht sind? Dies ist nur denkbar durch ein Moment eigener, anderer Art, in diesem Fall eben der unangenehmen Qualität der Aversio.

Um sich den Stellenwert dieser Art von Erfahrung für unser Leben zu vergegenwärtigen, versuchen Sie sich doch einmal vorzustellen, wir würden arbeiten, heiraten, eine Wohnung einrichten, in Urlaub fahren usw., ohne dabei irgendwelche Gefühle zu erleben. Hirnphysiologen haben herausgefunden, dass wir dann jegliche Motivation verlieren. Das Leben hätte schlichtweg keinen Wert mehr für uns. Wir würden alle dies gar nicht wollen ohne Fühlen.

Offensichtlich begründet die Attractio alle Wert- und Sinnerfahrungen. Ohne Attractio sind überhaupt keine Werterfahrungen möglich, sieht man einmal vom Wert der Vermeidung von Aversio-Erfahrungen ab. Da alle anderen Erfahrungen für sich allein betrachtet wertfrei und eben nur das sind, was sie ihrer Qualität nach darstellen, benötigen sie, um als (End)Wert erlebt zu werden, die Gefühlsauszeichnung der Attractio.

Werte als Mittel (Geld, Werkzeug, Verhaltensnormen) müssen, um letztlich zu Recht Werte genannt werden zu können, immer zur Wertauszeichnung der Attractio oder zur Vermeidung von Aversio führen. Andernfalls handelt es sich lediglich um ideelle Werte oder bloßes Wertmeinen, ja im schlimmsten Fall um leeres „Wertgerede". Dass nur die Attractio und die Vermeidung von Aversio Werte begründen können, liegt am unendlichen Regress des Weiterfragens, warum etwas ein Wert sei: Bei anderen Erfahrungen können wir immer weiter fragen, wozu etwas gut ist und inwiefern es sich um einen Wert handelt.

Die Attractio ist oft ganz deutlich, z.B. beim Hochgefühl, in der Lust, im Glück, meist aber eher subtil und unmerklich. Sie tritt überwiegend als „Einfärbung" der Wahrnehmung auf. Wir nehmen die Wirklichkeit durch eine subtile, ständig wechselnde Gefühlsbrille wahr. Diese Einfärbung prägt der Erfahrung ihr Wertprofil auf. Auf solche Weise wird oft der „Anschein der Objektivität" erzeugt, der dann z.B. bei ästhetischen Werten dazu führt, dass wir fälschlich die Allgemeingültigkeit unseres Werterlebens behaupten.

Aversio:
Was für die Attractio zutrifft, gilt – mit umgekehrten, negativen Vorzeichen – auch für die *Aversio*: dass es sich hierbei nicht um angenehme sondern unangenehme, schmerzliche Erfahrungen handelt:

Sich das Knie am Tischbein zu stoßen, den Tod eines geliebten Menschen zu betrauern, Ärger wegen verdreckter Strände im Urlaub oder die kalte Suppe im Restaurant, das Gefühl der Hilflosigkeit im Autobahnstau, die Beleidigungen des Chefs, Mobbing der Kollegen, das nervtötende Geschrei des Jüngsten zu nachtschlafender Zeit, Angst vor der Zukunft, Minderwertigkeitsgefühle, Lampenfieber, Sodbrennen – immer ist dafür einzig und allein die Aversio zuständig. Auch hier liefern die Dinge und Verhältnisse nur die inhaltlichen Zutaten, und zwar auf allen möglichen Ebenen des negativen Erlebens. Ohne Gefühl, ohne Aversio wären sie nichts, gäbe es keinen Schmerz und keine Angst, kein Leiden – oder besser gesagt: dann wären sie nur das, was sie sind, groß oder klein, farbig oder durchsichtig, eckig oder rund, nah oder fern.

Diese Einsicht ist für die meisten Menschen offenbar alles andere als selbstverständlich. Und der Wissenschaft ging es dabei bisher kaum anders. Erst vor kurzem haben Untersuchungen gezeigt, dass für seelischen und körperlichen

Schmerz dieselben Mechanismen des Gehirns verantwortlich sind:

"Der Tritt gegen das Schienbein verursacht Schmerzen. Aber auch Worte können verletzen – und das nicht nur sprichwörtlich: Beide Arten des Schmerzes lösen, so eine aktuelle Studie, im menschlichen Gehirn ähnliche Reaktionen aus." (…) Das menschliche Gehirn aktiviert sowohl bei sozialen als auch bei physischen Schmerzen dieselben Regionen, wie eine Gruppe australischer und US-amerikanischer Forscher jetzt im Fachmagazin "Science" berichtet.[5]

Soziale Ausgrenzung z.B. bedarf, um erfasst zu werden, der gedanklichen Interpretation, der Schmerz jedoch nicht. Völlig unterschiedliche Erfahrungsebenen sind hier in einem Punkt identisch: ihrem Unangenehm- oder Schmerzlichsein.

Dabei ist die Aversio genauso eine Erlebniskategorie *sui generis* wie die Attractio, d.h. verschieden von Körperempfindungen, Sinnesempfindungen, Gedanken, Vorstellungen, Wollenserfahrungen und Wertungen. Sie kann sich jedoch mit allen dieser Erfahrungen im Erleben verbinden.

Auch die Aversio ist kontingent und kann durch die Attractio abgelöst werden. Auch bei der Aversio ist die gedankliche Komponente nur eine mögliche Variante. Um sich im dunklen Zimmer das Knie zu stoßen und dabei Schmerzen zu erleiden, muss man nicht denken. Im Gegenteil: dieses Missgeschick ist eher auf einen Mangel an Voraussicht, also Nachdenken zurückzuführen.

Die Aversio zeigt sich wie die Attractio sowohl im Gefühl selbst wie auch in Emotionen, Stimmungen, Affekten, Leidenschaften, Wünschen, Wertgefühlen und ist in allen diesen Erfahrungskategorien letztlich identisch, notwendig und wesentlich. Auch Ekel, Abneigung, Widerwille, Sorge, Entsetzen, Desinteresse, Langeweile werden über die

Aversio erlebt und stellen ein unentbehrliches Wesensmoment dar.

Die Aversio begründet unsere Unwerterfahrungen, ohne sie wäre kein Leiden möglich

Da sowohl Sinnesempfindungen, Gedanken, Vorstellungen und Körperempfindungen für sich allein betrachtet wertfrei und eben nur das sind, was sie ihrer Qualität nach von sich aus darstellen, benötigen sie, um als Unwert erlebt zu werden, die Gefühlsauszeichnung der Aversio. Unwerte als Mittel müssen, um letztlich Unwerte genannt werden zu können, immer zur Unwertauszeichnung der Aversio oder zur Verhinderung von Attractio-Erfahrungen führen. Andernfalls handelt es sich auch hier wieder nur um ideelle Werte oder bloßes Wertmeinen, ja im schlimmsten Fall um „Wertgerede".

Dass nur die Aversio oder die Verhinderung von Attractio Unwerterfahrungen begründen kann, liegt wiederum am unendlichen Regress des Hinterfragens. Bei Sinnesempfindungen, Gedanken, Vorstellungen, Körperempfindungen können wir immer weiter fragen, warum etwas nicht gut ist und inwiefern es einen Unwert darstellt.

Diese Unterscheidungen stellen einen erstaunlich wirksamen Schlüssel dar. Hier ist Wissen im besten Sinne lebensverändernd. Wenn wir Gefühle nicht ausreichend von Gedanken unterscheiden können, dann führt dies zu unerwartet vielen Problemen, und zwar sowohl individuell, privat wie auch in der Kommunikation und politisch, gesellschaftlich.

Dank genauerer Begrifflichkeit ist es uns nun möglich, beim Scanning gezielter mit Attractio- und Aversio-Erfahrungen umzugehen: Wir fokussieren besser und genauer, wenn wir wissen, worauf wir fokussieren sollen. Wie in der Lebensmittelchemie findet man Schadstoffe nur, wenn man weiß, wonach man sucht. Fehlen uns die Unterscheidungen, was positive und negative Gefühle im Wesentlichen sind, dann bleiben wir in den bloß gedachten Bedeutungen unserer Erfahrungen und Werturteile stecken.

Verstehen wir unsere Gefühle, dann können wir unsere Erfahrungen besser einordnen. Wir verstehen, dass wir mit Scanning sozusagen an den existentiellen Grundbedingungen unseres Lebens arbeiten. Anstatt hauptsächlich Dinge zu verändern wie im Alltag, verändern wir nun unsere Gefühle und gedanklichen Einstellungen.

Hier eine Übersicht der wichtigsten mentalen Mechanismen:

Bewusstwerden
Zulassen
Desensibilisieren
von Werturteilen abkoppeln

Da wir beim Scanning alle Erfahrungen zulassen, die sich von allein einstellen, befinden wir uns – von eher marginalen Aktivitäten abgesehen – während fast der gesamten Übung im Zustand des Zulassens. Zulassen schließt dabei Bewusstwerden ein. Unsere Introspektion wird auf diese Weise ständig verfeinert, der Bereich der bewussten inneren Erfahrungen wird immer weiter ausgedehnt. Zulassen ist darüber hinaus gekoppelt mit Entspannung. Zulassen bedeutet:

- **Attractio-Wahrnehmungen nicht festzuhalten**
- **Aversio-Wahrnehmungen nicht zu fliehen**

Wir geben also unsere natürliche Lebenshaltung für die Zeit der Übung auf. Unser Gehirn ist programmiert, ständig Attractio zu suchen und Aversio zu fliehen.

In der zulassenden Haltung treten wir gewissermaßen aus dem Alltagsstress des Handelns heraus. Vielleicht erfahren wir immer noch negative Gefühle, eben weil unser Körper ungewollt solche Gefühle produziert. Aber deren Intensität ist sehr oft vermindert oder nimmt während der Übung ab. Das liegt daran, dass eine wesentliche Ursache für negative Gefühlsspannungen unser instinktives Flucht- und Vermeidungsverhalten ist. Wird diese dem Willen zugängliche Komponente aufgehoben, vermindern sich, ja verschwinden auch viele Aversio-Erfahrungen.

Neben dem Zulassen ist es vor allem auch der Mechanismus der Desensibilisierung, der Erleichterung und Veränderung bewirkt. Dank der erst in den letzten Jahren verfügbaren neuen Definition des Gefühls als Attractio- und Aversio-Erfahrung mit den Eigenschaften

Kontingenz
Kategorie des Erlebens sui generis
Konstituierung aller Werterfahrungen durch Einfärbung
keine logische Richtigkeit

ist nun gegenüber dem alten Verständnis der Desensibilisierung in der Verhaltenstherapie ein weitaus differenzierteres Modell von Desensibilisierung möglich. Anstatt bei der Desensibilisierung wie bisher die Aufmerksamkeit in entspanntem Zustand auf das Angst auslösende Objekt zu richten, hat es sich als viel wirksamer erwiesen, direkt auf die Aversio-Erfahrung zu fokussieren.

Wir nutzen diesen Desensibilisierungsprozess beim Scanning auf zweifache Weise: Indem wir das, was gefühlsmäßig störend ist, einfach so stehen lassen und eventuell kurz wahrnehmen (1), oder indem wir die Aversio eine Zeit lang gezielt ausfühlen (2), wobei unsere Aufmerksamkeit immer wieder in zwangloser Weise zum unangenehmen Gefühl zurückkehrt.

In beiden Fällen wird nach und nach ein entspannterer, weniger verkrampfter Umgang mit den Schwierigkeiten des Lebens eingeübt.

Desensibilisieren heißt: unempfindlicher werden gegenüber Gefühlen, unabhängig werden, sich abkoppeln, Konditionierungen aufheben, problematische positive Gefühle verringern oder zum Verschwinden bringen. Wir gewinnen mehr Freiheit und inneren Handlungsspielraum

Auf der kognitiven Ebene bewirkt Scanning ebenso tiefgreifende Veränderungen:

Da wir ständig angehalten sind, Gedanken stehen zu lassen, üben wir beim Scanning auch das Loslassen von Bewertungseinstellungen – solche Haltungen sind oft Bewertungs-Obsessionen. In der Therapie ist seit langem bekannt, dass gedankliche Fehleinstellungen zu emotionalen Problemen führen können. Gerade auch plausibel erscheinende Bewertungen haben ein hohes Potential, Leiden zu verursachen und positive Möglichkeiten im Leben zu blockieren.

c) Bewertungs-Obsessionen

Was ist unter einer Bewertungs-Obsession zu verstehen? Manche Bewertungen mögen plausibel sein. Ob wir daraus jedoch ein „emotionales Drama" für uns selbst und andere machen, ob wir nach Art einer Zwangsvorstellung daran haften und uns nicht lösen wollen, bleibt unserer persönlichen Wahl überlassen.

Denn auch eine plausible Bewertung zwingt uns nicht zum Handeln. Trotzdem wird die Plausibilität einer Bewertung sehr oft so verstanden. Zwang zum Handeln und Richtigkeit werden in eins gesetzt. Da gedankliche Einschätzungen Gefühle hervorrufen, leiden wir nicht selten unter solchen Bewertungen.

Gerade in der Diskussion über Werte entstehen ganze

Kaskaden von negativen Gefühlen. Dann leiden wir, weil wir meinen, unseren Wertstandpunkt durchsetzen zu müssen. Unser Verhalten ist deswegen obsessiv, weil wir nicht bemerken (oder nicht bemerken wollen), dass wir auch hier die Wahl haben, eine Einsicht zu vertreten und ihr zu folgen oder nicht. *Wir leiden unter einer Bewertungs-Obsession.*

Ein großer Teil unseres Leidens ist genau von dieser Art. Vielen Menschen fällt es offenbar schwer, zwischen der Richtigkeit einer Meinung und der Zwangsläufigkeit und Notwendigkeit ihrer Durchsetzung oder Verwirklichung zu unterscheiden.

Oft aber sind solche Bewertungs-Obsessionen nicht einmal wirklich plausibel. Wir kämpfen wie Don Quichotte gegen Windmühlenflügel, gegen einen imaginären Feind.

Ein tragisches historisches Beispiel dafür ist Magda Goebbels. Die Frau des nationalsozialistischen Propagandaministers äußerte vor ihrem Selbstmord: „Die Welt, die nach dem Führer und dem Nationalsozialismus kommt, ist nicht wert, darin zu leben (...)". „Sie habe sich entschlossen, schrieb sie, ihrem nationalsozialistische Leben 'den einzig möglichen, ehrenvollen Abschluss' zu geben."[6]

Welche emotionalen Qualitäten das Leben in einer Welt „nach dem Führer" hat, ist jedoch in dieser apodiktischen Weise gar nicht wirklich voraussehbar. Dies liegt an der oben erwähnten mangelnden Prognostizierbarkeit der Gefühle. Vermutlich handelte es sich bei ihrem für das eigenen Leben so verhängnisvollen Werturteil um eine Rationalisierung ihrer Ängste, von den Alliierten als Frau des ehemaligen Propagandaministers an den Pranger gestellt zu werden.

Hier liegt der Fehler offenbar auch in mangelndem Wissen über Gefühle. Man bemerkt nicht, dass man die Welt durch eine Gefühlsbrille betrachtet, dass sich nur in Gefühlen echte Endwerte zeigen können und dass die wesentliche

73

Eigenschaft des Gefühls in ihrem kontingenten Angenehm-
oder Unangenehmsein besteht.

Natürlich geht es bei solchen Wert-Obsessionen nicht immer um Leben oder Tod. Auch im Alltag werden wir ständig zu Opfern auf negativer Werturteile:

– Denke ich z.B. über mich, ich sei musikalisch nicht be-
gabt, dann führt das mit hoher Wahrscheinlichkeit dazu,
dass ich niemals Musiker werde, obwohl ich mir dies vielleicht gewünscht hätte.

– Glaube ich, Politik sei ein „schmutziges Geschäft", dann
klinke ich mich deswegen nur allzu leicht aus dem demo-
kratischen Prozess aus.

– Meine ich wie die Nationalsozialisten, Juden, Schwarze
oder Zigeuner seien minderwertige Menschen, dann führt
dies leicht zu Ablehnung und Intoleranz und am Ende leider auch nur all zu oft zu nicht wiedergutzumachenden
Verbrechen, zu Gewalt und Ungerechtigkeit.

Solche Urteile sind meist alles andere als plausibel und halten einer genaueren Überprüfung kaum stand. Man drückt
damit lediglich seine Meinung aus, aber dies oft mit negativen Folgen und großen Nachteilen für sich selbst und andere. Vor allem unzulässig *induktiv* in die Zukunft fortge-
schriebene Urteile über den eigenen oder fremden Charakter, über Fähigkeiten und Begabungen führen zu Fehl-
schlüssen.

Wenn ich heute kein guter Redner bin und daraus ein
gültiges Urteil über meine Fähigkeiten als Redner in der Zukunft bilde, dann ist dies – wie aus der Wissenschafts-
theorie nicht erst seit Karl Popper hinreichend bekannt –
aus logischen Erwägungen alles andere als erschließbar.
Fähigkeiten sind nur eingeschränkt prognostizierbar. Rai-
ner Maria Rilke galt in seinen Anfängen als lausiger Lyriker

und wurde doch einer der größten Dichter des Jahrhunderts. Und Albert Einstein sagte man wenig schulische Begabung nach, der Schöpfer der Relativitätstheorie galt als schwerfällig und redefaul.

Geht es das dabei um Werturteile, die zu kulturellen Verhaltensregeln werden, dann droht nicht wieder gut zu machender Schaden. Ein bezeichnendes Beispiel dafür ist die Vorschrift in manchen islamischen Ländern, Frauen zu steinigen, die uneheliche Kinder zur Welt bringen. Bei dieser barbarischen Prozedur wird das Opfer bis zum Kopf begraben und sein Schädel durch Steinwürfe zertrümmert.

Hier fehlt das Kriterium für die Härte der Strafe. Diese beruht auf Willkür – vermutlich auch auf starken kontingenten – und dabei anerzogenen – Gefühlen des Hasses und der Verachtung – und erscheint Menschen anderer Kulturkreise völlig unangemessen. Ein uneheliches Kind als nicht zu ertragenden Tabubruch zu empfinden, setzt voraus, dass Gefühle bei einem Regelverstoß zunächst kulturell geprägt wurden.[7] Diese Prägung wird nicht genügend hinterfragt, sonst würde man sie als kontingentes Gefühl erkennen. Kontingente Gefühle haben aber keine Richtigkeit und können nicht eingefordert werden, sondern sind immer nur faktisch gegeben.

Scanning hält uns dazu an, unsere Meinungen auf Eis zu legen, in Klammern zu setzen. Bewertungs-Obsessionen werden – nicht zuletzt auch dank eines angemesseneren Selbstverständnisses – leichter bemerkt. Daneben lernen wir sozusagen „strukturell", dass nicht jede Meinung Folgen haben muss. Die Fähigkeiten wächst, Gedanken ganz allgemein und abgesehen von ihrem Plausibilitätsgehalt stehen zu lassen.

Die hier skizzierte psychologische und philosophische Basis dient uns also dazu, existenzieller Desorientiertheit und damit auch den emotionalen Folgen zu begegnen, die sich aus der grundlegenden Unwissenheit über fundamentale Lebensprinzipien ergeben; und dies sowohl im Alltag wie auch beim Scanning – und mit der Übung beim Scanning wiederum noch zielgerichteter im Alltag. Wir werden weniger leicht irregeleitet. Wir lernen, mit störenden Gefühlen umzugehen und negative Gedanken als subjektive Bewertungen zu identifizieren.

d) Aversio-Scanning

Haben wir verstanden, dass negative Gefühle wesentlich in ihrem Unangenehmsein als *kontingenten*, nicht logisch notwendigen Erlebnissen *sui generis* bestehen und so alle unsere Unwerterfahrungen konstituieren, dann lässt sich damit beim Scanning noch gezielter auf Aversio-Erfahrungen fokussieren.

Schritt 4 beim Scanning als Option in der Grundübung zeigte eine typische Möglichkeit, wie innere Widerstände erlebt werden und damit umgegangen werden sollte (vergl. Kapitel 2 „Wie Scanning praktiziert wird").

Schritt 5 als Option beschrieb die extremeren Formen solcher hinderlichen negativen Gefühle und ihre Auflösung durch Desensibilisierung.

Indem wir den Wertcharakter unserer Erfahrungen besser verstehen, wird auch unser Bewertung der Aversio umfassender – sie wird „existentiell"

Es kann also wie oben ausgeführt im Leben, was unsere Werterfahrungen anbelangt, letztlich immer nur um Vermeidung und Verminderung von Aversio-Erfahrungen gehen und um Erhaltung und Vermehrung von Attractio-Erfahrungen. Der Grund dafür liegt darin, dass die Erfahrung von Wertvollsein nur durch die gefühlte Attraktivität der Attractio oder Vermeidung von Aversio möglich ist. Und dass umgekehrt Nicht-Wertvollsein nur durch das Unangenehmsein der Aversio oder die Verhinderung von Attractio erlebt wird. Lediglich gedachte, vermeinte Werte und Unwerte bleiben dagegen illusionär.

Zulassen von Aversio und Desensibilisieren von Aversio sind also beim Scanning mentale Strategien, sozusagen das Pendant dazu, wenn wir im Lebensalltag durch gezieltes Handeln Aversio-Erfahrungen zu vermindern suchen. Technik und Medizin, Justiz und Verwaltung, Produktion von Lebensmitteln, ja selbst Kunst und Kultur sind neben ihrer Funktion, Attractio-Erfahrungen zu ermöglichen (meist unbewusst bleibende) Methoden, um Aversio-Erfahrungen zu begegnen.

Mit einiger Übung im Scanning und dank unseres Basiswissen über Gefühle und Bewertungen ist es uns nun möglich, gezielt auf die Aversio-Moment zu fokussieren.

Regeln des Aversio-Scannings:

Anstatt wie in der Grundübung beschrieben lediglich nach innen zu gehen und zu schauen, was sich an Körperwahrnehmungen zeigt, richten wir unsere Aufmerksamkeit – wiederum nur, wenn dies ohne Anstrengung und Konzentration möglich ist – auf jene Gefühle, die unangenehm und schmerzlich sind.

Das mögen Körpergefühle oder auch Stimmungen, Vorstellungsbilder und Gedanken, z.B. Erinnerungen oder Emotionen sein. Als Emotionen bezeichnen wir stärkere Gefühle verbunden mit deutlichen Körperempfindungen wie z. B: Herzklopfen, Hitze, schneller Puls, Zittern.

Unser Aufmerksamkeit richtet sich auf jede beliebige Aversio. In der Regel ist dies die stärkste Aversio, die sich gerade finden lässt.

Von besonderer Bedeutung sind hier jene Gefühle, die sich mit Bewertungen und den oben erwähnten Bewertungs-Obsessionen zeigen. Wie bei allen Gefühlen vermögen wir auch bei Bewertungs-Obsessionen von der Bedeutung des Gedachten abzusehen und auf den reinen Gefühlsaspekt zu fokussieren. Dadurch findet oft eine – erwünschte – Lösung von der Bewertung statt. Wir entdecken, dass das, was uns obsessiv an die Bewertung gebunden hat, u.U. gar nicht seine Plausibilität, sondern lediglich die Aversio war.

Auch hier akzeptieren wir wieder jeden Eindruck, der sich beim Blick nach innen wie von selbst einstellt. Wir versuchen nicht, unsere Aufmerksamkeit willentlich gegen einen zu starken – zu schmerzlichen Widerstand – zu fokussieren.

Das „richtige" Objekt ist auch immer das, was automatisch gefunden wird. Andere Eindrücke werden so stehen gelassen, wie sie sich von selbst einstellen. Bemerken wir, dass wir abgeschweift sind, kehren wir auf leichte, „unschuldige" Weise zum unangenehmen Gefühl zurück. Gerade auch beim Aversio-Scanning gilt das Gebot der Leichtigkeit: Unsere Erfahrungen mögen stark und unangenehm sein, unsere willentliche Haltung, unsere willentlicher Umgang mit ihnen sind leicht und unangestrengt.

Die Übung sollte im Allgemeinen nicht länger als fünf bis zehn Minuten dauern. Wirken die Eindrücke zu belastend, brechen wir früher ab.

Danach schließen wir eine Phase normalen Scannings an, bzw. fahren mit der weiter unten beschriebenen Übung des Attractio-Scannings fort, falls dies möglich ist.

Worin unterscheidet sich dieses Vorgehen vom Scanning in Option 4 und 5?

Die Unterschiede sind nicht prinzipieller, sondern gradueller Art. Anstatt nur zu reagieren auf das, was sich von allein zeigt, machen wir einen systematischen Scan, um verdeckte negative Gefühlen Gelegenheit zu geben, sich auszudrücken. Wir suchen gezielter. Wir wählen nach einem definierten Gesichtspunkt aus, den wir uns durch unser präziseres Wissen über Gefühle und Bewertungen erworben haben. Wir ignorieren andere Wahrnehmungen.

Dabei lassen wir diese zwar ebenfalls zu, befassen uns aber nicht weiter damit. Unser Zulassen ist eine Auslese. Wir warten also nicht erst wie beim gewöhnlichen Scanning darauf, dass sich Widerstände einstellen und reagieren darauf entweder mit Schritt 4 oder 5, sondern suchen in der selben leichten und unkonzentrativen Weise danach, wie wir dies bereits kennen.

Suchen ist übrigens nicht gleichzusetzen mit *erzeugen*. Auch beim Aversio-Scanning lassen wir das, was sich während der Suche zeigt, sich so entfalten, wie es sich von sich selbst entwickelt. Wir manipulieren nicht.

Welche Wirkung hat dieses gezielte Scanning von Aversio-Erfahrungen?

Die Wirkung des Aversio-Scannings, falls richtig ausgeführt, ist außerordentlich erleichternd. Oft fühlt man sich danach wie „ausgewechselt". Nicht selten erleben wir eine dramatischen innere Wende. Lebenslanger Druck, den wir nie genau begrifflich erfassen konnten, findet unerwartet ein Ventil. Negative Spannung werden abgebaut und der Blick ist plötzlich klar und gesammelt. Wir werden weniger ängstlich, weniger schreckhaft, sind weniger pessimistisch, weniger destruktiv. Der Prozess einer allgemeinen Desensibilisierung wird forciert.

Aversio-Scanning ist naturgemäß nicht angenehm. Das kann es schon per Definition nicht sein. Es ist jedoch bei näherem Hinsehen meist auch nicht so unangenehm, wie man erwarten könnte. Jeder muss beim Aversio-Scanning das rechte Maß für sich selbst finden.

Auch hier gilt der Grundsatz: Weniger ist manchmal mehr. Man könnte die Frage stellen, wozu es denn gut sein soll, in einer Welt voller Leiden noch zusätzlich nach negativen Erfahrungen zu suchen. Die Antwort liegt darin, dass wir uns auf diese Weise schneller entwickeln und Bewusstheit und Freiraum gewinnen. In welchem Maße dies geschieht, hängt von unserer psychischen Ausgangslage ab.

Sind wir gestresst, haben wir viel verdrängt, neigen wir dazu uns zu verspannen und unsere Lebensziele mit der „Brechstange" zu realisieren, sind wir Perfektionisten, denen die so genannte Muss-Haltung zur Selbstverständlichkeit geworden ist, dann werden ist die psychische Veränderung nach einigen Wochen Aversio-Scanning erheblich sein.

Haben wir dagegen bereits genügend innere Distanz, können wir zulassen und loslassen, den Realitäten ins Auge schauen, arrangieren wir uns längst damit, dass das Leben (auch) eine unaufhörliche Folge von Aversio-Erfahrungen ist, dann ist der Effekt weniger ausgeprägt.

Aversio-Scanning ist kein Masochismus, keine Lust am Schmerz. Aversio-Scanning ist vorsichtig und in Maßen eingesetzt ein unvergleichliches Mittel für inneren Forschritt. Dabei sollte es wenn möglich durch Attractio-Scanning oder einen Gang Scanning als Grundübung ergänzt werden:

e) Attractio-Scanning

Haben wir verstanden, dass positive Gefühle wesentlich in Angenehmsein als kontingenten, nicht logisch notwendigen Erlebnissen sui generis bestehen und so unsere Werterfahrungen konstituieren, dann lässt sich damit beim Scanning noch gezielter auf Attractio-Erfahrungen fokussieren.

Schritt 3 beim Scanning als *Option* in der Grundübung macht deutlich, dass innere Erfahrungen Gefühlsauszeichnungen haben können und wie man sich den subtilen positiven, angenehmen Gefühlen zuwendet (vergl. Kapitel 2 „Wie Scanning praktiziert wird").

Indem wir den Wertcharakter unserer Erfahrungen besser verstehen, wird auch unser Bewertung der Attractio umfassender – sie wird wie bei der Aversio „existentiell"

Es kann im Leben, was unsere Werterfahrungen anbelangt, letztlich immer nur um Erhaltung und Vermehrung von Attractio-Erfahrungen und Vermeidung und Verminderung von Aversio-Erfahrungen gehen.

Attractio-Erfahrungen zu steigern und Aversio-Erfahrungen zu vermindern, ist das, was man Emotionale Intelligenz oder emotionale Klugheit nennt.

War es beim Aversio-Scanning vor allem das Bewusstwerden als Distanz, um Handlungsspielraum zu erlangen, und das Zulassen und Desensibilisieren negativer Gefühle, so ist es beim Attractio-Scanning die Möglichkeit der Verstärkung:

Richten wir unsere Aufmerksamkeit auf positive Gefühle, dann sind wir ganz bei uns selbst, dann sind wir beim eigentlichen – für die meisten Menschen verborgenen – allgemeinsten Sinn des Lebens. Denn Lebenssinn, in welchem Bereich auch immer, ohne die positive Antwort des Gefühls durch die Attractio scheint es nicht zu geben. Niemand hat bisher plausibel benennen können, worin denn Lebenssinn sonst bestehen sollte (sieht man einmal von der Verminderung des Leidens ab).

Beim Attractio-Scanning üben wir genau das, was existentiell letztlich für uns bedeutsam ist. Wir entdecken mehr und mehr, dass positives Fühlen eine unendliche Bandbreite besitzt und sich keineswegs in Vergnügen und bloßer

Lust erschöpft. Wir lernen und verinnerlichen so auch das gute Gewissen zum positiven Gefühl, an dem es uns so oft mangelt. Bekanntlich ist unsere Kultur noch immer über weite Strecken „lustfeindlich". Lediglich beim Sex sind hier in letzter Zeit positive Entwicklungen zu konstatieren.

Noch immer erntet derjenige wenig Widerspruch, der behauptet, es gehe im Leben um Arbeit und Moral, um Fortpflanzung und Erhaltung der Art.[8]

Aber wir lernen darüber auch loszulassen und die Positivität des Fühlens nicht um jeden Preis erfahren zu müssen – denn dies erzeugt oft nur neues Leiden, neue Aversio. Wir werden Realisten: Wir erkennen, dass das Leben oft bestenfalls „neutral" und nichts sagend erscheint. Die oft zwanghafte Muss-Haltung, sich um jeden Preis gut fühlen zu wollen, wird immer mehr aufgeweicht.

Mit einiger Übung im Scanning und dank unseres Basiswissen über Gefühle und Bewertungen gelingt es uns nun auch hier leichter, gezielt auf die Attractio-Moment unserer Erfahrungen zu fokussieren.

Regeln des Attractio-Scannings:

Anstatt wie in der Grundübung beschrieben lediglich nach innen zu gehen und zu schauen, was sich an Körperwahrnehmungen zeigt, richten wir unsere Aufmerksamkeit – wiederum nur, wenn dies ohne Anstrengung und Konzentration möglich ist – auf jene Gefühle, die angenehm sind.

Dies mögen Körpergefühle oder auch Stimmungen und Gedanken, z.B. Erinnerungen sein. Auch hier akzeptieren wir wieder jeden Eindruck, der sich beim Blick nach innen wie von selbst einstellt. Wir versuchen nicht, willentlich positive Gefühle zu erzeugen. Wir akzeptieren das, was beim Suchen von allein erscheint. Wir werden Realisten!

Das „richtige" Objekt ist auch hier immer nur das, was automatisch gefunden wird. Andere Eindrücke werden so stehen gelassen, wie sie sich von selbst einstellen. Bemerken wir, dass wir abgeschweift sind, kehren wir auf leichte, „unschuldige" Weise zum angenehmen Gefühl zurück. Wie beim Aversio-Scanning gilt auch hier das Gebot der Leichtigkeit: Unsere Erfahrungen mögen stark und angenehm sein, unsere willentliche Haltung, unsere willentlicher Umgang mit ihnen sind leicht und unangestrengt.

Die Übung kann so lange dauern, wie es angenehm ist. Danach schließen wir eine Phase normalen Scannings an.

Nach und nach wird bei diesem Vorgehen immer mehr der Blick auf jene inneren Phänomene verstärkt, in denen sich Positivität zeigt. „Was man sieht, das wird man", heißt es nicht zu Unrecht im Yoga.

Beim Balanceakt auf einer hohen Mauer stürzen wir dann leichter ab, wenn wir ständig das Bild des Absturzes vor Augen haben. Und wir bewegen uns gefahrloser, wenn wir uns sicheren Schritts über die Mauerkrone gehen sehen. Übung, Positivität in Form der Attractio wahrzunehmen, führt nach und nach dazu, dies auch im Alltag öfter spontan zu tun.

Unser Vorgehen wird habitualisiert. Wir sehen eher das halbvolle Glas Wasser als das halbleere. Wir üben, positiv zu denken – und wir üben dies, wo sich Positivität zeigt: an der Quelle, bei der Attractio.

5 Wodurch wirkt Scanning?

Dieses Kapitel macht deutlich, dass Scanning in vielerlei Hinsicht und auf mehreren Ebenen wirksam ist, unter anderem durch Zulassen, schnellere Erholung und Katharsis, durch weniger Leiden und Ängstlichkeit, durch weniger emotionale Desorientiertheit und Kraftverschwendung, mehr Introspektionsfähigkeit und Impulskontrolle, durch zielstrebigeres, konzentriertes Handeln, durch Selbsterkenntnis, Realismus und „Verfeinerung", durch verbesserte Konzentration, Entspannung und Stressabbau, frühzeitige Behandlung traumatischer Lernerfahrungen und Wahrnehmung des Positiven.

Scanning scheint so etwas wie das „Ei des Kolumbus" unter den Mentaltechniken zu sein. Im Grunde ist es eine Methode, die bereits Kinder lernen sollten, um frühzeitig Psychohygiene zu betreiben. Auf diese Weise würden viele emotionale Irrwege im späteren Leben vermieden werden können.

Da Scanning ein enges Ineinandergreifen von Theorie und Praxis darstellt, lernen wir auf diese Weise an anschaulichen, höchst individuellen Beispielen, was wir über die so wenig bekannte „Grammatik der Gefühle" wissen sollten. Scanning ist auch so etwas wie eine Schule der Gefühle. Die Mechanismen, mit denen dies bewirkt wird, sind äußerst vielfältig:

Zulassen:
Einer der Hauptgründe für die ungewöhnliche Wirksamkeit von Scanning dürfte darin liegen, dass wir endlich zulassen. Unser Leben ist geprägt von Wertgerichtetheit: Wir sind – bewusst oder unbewusst – ständig auf der „Jagd" nach Positivität. Und wir sind immer bestrebt, Negativität zu vermeiden. Das sind legitime Anliegen.

Aber dabei kommt es oft zu Verspannungen und Über-
spannungen, zu Verkrampfungen, zu Anhaften, zu Nicht-
Loslassenkönnen und Erschöpfung. Wir neigen dazu, Perfektionisten zu sein. Scanning macht uns gewappneter für
solche Stressbelastungen. Wir „lernen Leichtigkeit".

Zulassen ist aber, wie bereits erläutert, auch Entspannung.
Mit der wertfreien Betrachtung subtiler negativer Gefühle
entsteht Entspannung auf besonders direkte Weise. Wir
benötigen nicht mehr den Zwischenschritt über Suggestionen und Imaginationen wie bei anderen Techniken, sondern gehen direkt zum Spannung auslösenden Moment.

Erholung und Katharsis:
Mit Scanning erholen wir uns schneller. Scanning wird zur
Erholung, indem wir uns für kurze Zeit bewusst aus dem
instinktiven Prozess zu ungesunder Zielstrebigkeit und
Angespanntheit ausklinken. Scanning gibt den Nervensystem wie beim Traum Gelegenheit, verdrängte Energien
auszuleben.

Die Katharsis des Scanning besteht also darin, Erleichterung zu finden, indem Zurückgehaltenes frei wird. Dass
dies sehr wirksam ist, zeigt sich in unseren Träumen. Nach
einigen Wochen Übung werden Traumphasen deutlich weniger bedrängend, weniger irreal und verlieren ihren oft alb-
traumartigen Charakter – ein deutlicher Hinweis auf
Spannungsabbau.

Weniger emotionale Desorientiertheit:
Wenn wir zu wenig über Gefühle, Emotionen, Stimmungen
und Affekte und ihren Zusammenhang mit unseren Wertgefühlen wissen, kann das Handeln nur intuitiv richtig,
jedoch niemals zielgerichtet bewusst sein. Da alle (plausib-
len) Werterfahrungen letztlich auf Gefühlserfahrungen beruhen, Gefühle aber *kontingent*, nicht logisch notwendig,

sondern eine (oft nicht prognostizierbare) Erlebniskategorie *sui generis* sind, führt mangelhaftes Wissen oft zu falschen Einschätzungen und Prognosen. Wir glauben das, was uns unsere Gefühle über die Ehe, den Bankrott, die Karriere, den Selbstmord sagen, als handele es sich um Tatsachenbeschreibungen objektiver Gegebenheiten.

Wir glauben, das Problem liege in den Dingen, tatsächlich aber liegt es in unserer Gefühlsantwort.

Scanning ist ein hervorragendes Instrument, um unsere Aufmerksamkeit mehr und mehr auf die subtilen Gefühlsauszeichnungen unserer Wünsche und Motive zu lenken. Damit wächst auf natürliche Weise das Wissen um das, was uns eigentlich bewegt. Zugleich üben wir mit dem Scanning, solche Wertgefühle stehen lassen, loslassen zu können oder aber gezielt zu suchen und zu bejahen. Scanning ist somit das Instrument seelischer Hygiene und Vorsorge per excellence!

Weniger Leiden:

Beim Scanning sind wir gehalten, sowohl negative wie positive Gefühle sich so entwickeln zu lassen, wie sie sich von allein einstellen. Dabei findet eine automatische, oft unbemerkte Desensibilisierung statt. Denn Desensibilisierung vollzieht sich bereits mit der wertfreien Betrachtung von Gefühlen in entspanntem Zustand. Wir werden weniger empfindlich, weniger ängstlich, weder wehleidig. Mut und Optimismus nehmen zu.

Aus der Verhaltenstherapie ist seit langem bekannt, dass ein großer Teil unseres Leidens erst durch instinktive Vermeidungshaltung entsteht. Die Angst vorm Abreißen des Pflasters beim Kind ist größer als der eigentliche Schmerz. Ebenso verhält es sich bei zu starkem Festhalten am Positiven. Wir leiden oft weniger unter dem Verlust als unter unserer Abneigung dagegen, herzugeben oder zu verlieren.

Vermindern wir unangenehme Emotionen durch Zulassen, Loslassen und Desensibilisieren, dann leiden wir weniger, gleichgültig, ob es sich nur um subtile negative Gefühle und Stimmungen oder starke Emotionen und Affekte handelt. Scanning entschärft auf diese Weise gedankliche und emotionale Probleme. Negativität wird verringert. Und das entspricht einer Hauptforderung emotionaler Klugheit. Wir sind nicht auf der Welt, um zu leiden. Das Negative findet seine einzige Rechtfertigung darin, uns zu mehr Positivität zu verhelfen. Beim Scanning wird Negativität reduziert. Wir tappen nicht mehr in jede „emotionale Falle". Scanning macht glücklicher!

Zunahme der Introspektionsfähigkeit:
Scanning führt aber auch zur Verbesserung der Introspektion. Wir lernen deutlicher zu sehen, was in uns abläuft. Wir verstehen endlich, dass Gefühle eine Erlebniskategorie völlig eigener und von allem anderen Erleben verschiedener Art darstellen.

Gefühle sind, vom Sinn und Wert des Lebens her betrachtet, Hauptsache, nicht Nebensache

Wir nehmen subtile Gefühle und hier vor allem auch „Wertgefühle" wahr. Wir bemerken eher, dass wir denken. Mit mehr Bewusstheit wird aber auch unsere innere Verfügbarkeit besser. Es fällt uns leichter unsere Impulse zu kontrollieren. Der viel zitierte „Fuß in der Tür" zu einem anderen, aufgeschlosseneren, klareren Bewusstsein ist genau dieses Wissen um die jeweilige Funktion der Gefühle. Es fällt uns leichter, negative Gefühle einfach stehen zu lassen oder gegebenenfalls zu desensibilisieren und nicht zu stark an positiven Gefühlen zu haften. Es fällt uns leichter, Bewertungs-Obsessionen zu erkennen und loszulassen.

Zielstrebigeres, konzentriertes Handeln:
Werden ablenkende Emotionen reduziert oder werden sie
uns überhaupt erst bewusst, dann gelingt es uns leichter,
bei der Sache zu bleiben und zielstrebig zu arbeiten. Der
zwanglose Gang nach innen, bei dem wir ohne Tadel zum
Gegenstand unserer Aufmerksamkeit zurückkehren, sobald
wir bemerken, dass wir abgeschweift sind, übt das Muster
richtiger – nämlich möglichst unangestrengter – Konzentration ein. Scanning steigert kreativen Fähigkeiten, indem es
Ablenkungen und Störfaktoren ausschaltet oder einbezieht.

Weniger Kraftverschwendung:
Impulsivität und Emotionalität sind oft unnötige Kraftverschwendung. Gleiches gilt für unsere Bewertungs-Obsessionen. Wir beenden den inneren Kampf durch Loslassen, Ste-
henlassen. In-Frage-Stellen und Desensibilisierung. Wir
gewinnen Raum zur Neuorientierung. Wir sparen Kräfte
für kreative Aufgaben und positivere Erfahrungen. Scanning verschafft uns mehr Kraft, Konzentration und Wachheit.

Selbsterkenntnis, Realist werden:
Der Blick nach innen verschafft uns mehr Bewusstheit. Wir
verleugnen und verdrängen nicht weiter, sondern nehmen
uns eher so wahr, wie wir sind. Das führt zu mehr Selbsterkenntnis. Wir nehmen wahr, was ist und machen uns weniger Illusionen. Wir bejahen die Positivität und entwickeln
das gute Gewissen zum positiven Gefühl. Und wir nehmen
negative Gefühle hin, wir arrangieren uns mit ihnen, wenn
sie nicht beeinflussbar sind. Wir verstehen, dass Werterfahrungen nur durch Fühlen möglich sind, auch wenn dies
ein schwieriger intellektueller Prozess ist.

Selbsterkenntnis wiederum verschafft uns mehr Handlungsspielraum. Wir bereinigen Fehlhaltungen und ver-

mögen uns leichter existenziell neu zu orientieren. Wir werden „wesentlicher" und realisieren eher das, was wir eigentlich wollen – und wollen können.

Schnellere Erholung:
Wenn unsere Grundhaltung zunehmend zulassender wird, wenn wir immer schneller, leichter und spontaner im Alltag desensibilisieren, dann hat emotionaler Stress zweifellos nicht mehr denselben belastenden Stellenwert für uns wie früher. Unsere Haltung emotionalen Belastungen gegenüber wird entkrampfter. Gleiches gilt für traumatische Erfahrungen. Indem wir nun endlich den Blick präziser auf das eigentlich bedrängende und schwer zu ertragende Gefühlsmoment fokussieren können, vermeiden wir es, emotionale Reaktion zu fixieren. Der emotionale Lernvorgang, der bei jedem traumatischen Erlebnis die eigentliche Gefahr darstellt, wird gemindert oder unterbunden.

„Verfeinerung":
In der verfeinerten Wahrnehmung von Gefühlen, und hier vor allem positiven Körpergefühlen, erleben wir – wenn es denn gelingt – oft eine ungeheuere Zunahme an Kraft und Kreativität, ja Intelligenz. Warum dies so ist, kann theoretisch noch nicht befriedigend erklärt werden. Wer diesen Zustand erreicht, und sei es nur für Augenblicke, berührt eine Quelle innerer Kraft, die dafür verantwortlich sein mag, dass in den alten Meditationstraditionen so oft von „Durchbrüchen" gesprochen wird.

Die Interpretation solcher Zunahme an Kraft hängt sicherlich von unser weltanschaulichen Grundhaltung ab. Der Religiöse entdeckt hier ein Zeichen für das Göttliche, für den Skeptiker oder Atheisten mag es sich lediglich um einen bisher nicht erklärbaren psychischen Prozess handeln.

6 Welche Schwierigkeiten können beim Scanning auftreten?

Scanning wirkt bei konsequentem Üben eigentlich immer, auch wenn es am Anfang vielleicht nicht den Anschein hat. Manchmal ist allerdings Beharrlichkeit erforderlich.

Scanning wirkt auch, wenn wir uns während der Übung nicht gut und erleichtert fühlen!

Schweift unsere Aufmerksamkeit öfter ab, haben wir das Gefühl, unsere Inneres „sträube" sich gewissermaßen dagegen, betrachtet zu werden, dann sind immer Aversio-Gefühle im Spiel. Gleiches gilt, wenn wir den Eindruck haben, es gebe in uns überhaupt kein Objekt, auf das wir unsere Aufmerksamkeit richten könnten. Dann ist die Aversio so subtil, dass wir sie als solche gar nicht identifizieren.

Erleben wir stattdessen spontan Attractio, fühlt sich unsere Aufmerksamkeit ohne weiteres Zutun nach innen gezogen.

Grund für dieses Problem ist unsere mentale Konstruktion, Aversio zu fliehen. Hier hilft es, sich noch einmal die Regeln in der Grundübung des Scannings bewusst zu machen:

Wir erwarten nichts. Wir sehen nicht mehr weg. Wir schauen an, was sich zeigt. Wir nehmen es wie es kommt. Wir versuchen nicht zu verändern. Wir haben keine weitere Absicht als Scanning.

Danach fahren wir mit OPTION 5 fort. Zur Erinnerung:

Erscheint ein Gefühlseindruck zu stark (zu schmerzhaft, zu unangenehm, zu „belastend"), dann lassen wir unsere Aufmerksamkeit wiederholt in leichter Weise auf das negative Gefühl wandern, ohne es in irgendeiner Weise verdrängen oder verändern zu wollen. Wir isolieren den zu starken Eindruck durch unsere Aufmerksamkeit und kehren eine Zeit lang immer wieder zu ihm zurück, um ihn in seiner negativen Qualität zu fühlen. Das bedeutet: Wir lassen ihn (für den Augenblick) zu.

Wir fühlen uns in sein Unangenehmsein ein.

Der Prozess des Weiterwanderns zu anderen inneren Eindrücken wird unterbrochen. Dabei heißen wir das negative Gefühl weder gut, noch bewerten wir es in irgendeiner anderen Weise. Wir „reden es nicht schön", wir machen es nicht kleiner, als es ist. Wir benennen und kommentieren es auch nicht. Wir nehmen es lediglich wahr. Dies geschieht auch hier wiederum nicht angespannt, mit Anstrengung und Konzentration. Das Gefühl mag stark und belastend sein – unsere Haltung des Betrachtens dagegen ist leicht, fast unschuldig.

Nach einiger Zeit finden wir, dass die Intensität des Unangenehmseins nachlässt und dass wir uns ganz von selbst gelöst haben

Dies ist ein sehr verlässlicher mentaler Mechanismus, von dem es kaum Ausnahmen zu geben scheint. Zeigt sich keine Verminderung oder Auflösung der Aversio, dann ist dafür fast immer mangelnde Authentizität des Zulassens verantwortlich. Wir machen uns nur vor, zuzulassen, fliehen aber unbewusst wie die Aversio.

Wichtig ist dabei unsere Interpretation: Glauben wir, man müsse sich beim Scanning immer wohl fühlen, dann hindert uns diese Erwartungshaltung daran, von der Erleiterung, Erholung und Stärkung des Scannings zu profitieren, die sich erst *nach* der Übung einstellt.

Allerdings können wie bei allen Entspannungstechniken und Meditationsformen starke körperliche Schmerzen – z.B.

Kopfschmerzen oder Zahnschmerzen – so hinderlich sein, dass die Übung unmöglich wird.

Manchmal sind wir auch sehr verstresst, müde und ausgelaugt oder verstimmt. Oder wir sind verärgert, wütend, fühlen uns ungerecht behandelt, sind eifersüchtig, nachtragend oder desorientiert. Manchmal leiden wir unter bedrängenden, womöglich sogar traumatischen Erfahrungen.

Fühlen wir, wenn wir nach innen gehen, vor allem negative Gefühle – und das wird im „Tohuwabohu" all der Belastungen, Stresse, Schicksalsschläge, Erschöpfungen, Erschöpfungszustände, Verstimmungen, Krankheiten, Verluste, Streitigkeiten, Meinungsverschiedenheiten fast zwangsläufig öfter vorkommen – dann neigen wir dazu, Scanning für momentan nicht praktizierbar zu halten!

Doch wie viele gegensätzliche Erfahrungen zeigen, ist das oft nur ein Vorurteil: Nach einigen Minuten – manchmal auch erst nach längerem Üben – findet meist eine Umschaltung statt. Wir nehmen erste erleichternde, angenehme Gefühle wahr. Verfeinerungen von Körperempfindungen stellen sich ein und neue innere Räume schließen sich auf, die kraftvoller, positiver und klarer sind als das, was wir zuvor gefühlt haben.

Mit zunehmender Übung wächst auch die Sicherheit, dass Scanning uns fast immer einen Ausweg aus dem emotionalen Stress bietet!

Eine Ausnahme machen eigentlich nur die oben erwähnten starken Schmerzen oder extreme Lebenslagen.

Auch Menschen, die keine „Gebrauchsanweisungen" verstehen oder die psychisch so „nervös" und gefährdet sind, dass der systematische Kontakt mit ihrem Innenleben über ihre Kräfte geht, sind mit Scanning überfordert.

• *Wer sich in psychiatrischer Behandlung befindet oder Psychopharmaka anwendet, wer an einer tiefen Depression leidet oder sich in einer dramatischen, womöglich sogar traumatisierenden Lebenssituation befindet, für den mag selbst eine so sanfte und natürliche Begegnung mit seinem Inneren wie Scanning schon zu viel sein.*

Im Übrigen sind störende Symptome Klippen, die umschifft werden können. „Solche Hindernisse machen uns auf Dauer sehr flexibel und bewusst im Umgang mit Gefühlen und Gedanken, die uns sonst oft unbewusst steuern und unsere emotionale Lebensqualität beeinträchtigen."

Gefühlsmäßiger Widerstand beim Scanning, „den Sie als ‚echtes Problem' ansehen, spricht nicht gegen die Technik, sondern macht Ihnen im Gegenteil wie ein Spiegel Ihres Nervensystems genau jene Barriere deutlich, an der Sie lernen und sich entwickeln können, um in eine neue, flexiblere, bewusstere und für freie Entscheidungen offenere Haltung zu gelangen.

‚Störfaktoren' können hier also die Funktion von ‚Entwicklungsfaktoren' haben, vorausgesetzt, wir verstehen das Prinzip innerer Veränderung. Nehmen wir sie an, gehen wir mit ihnen auf neue Weise um, gelangen wir leichter zu einem positiv veränderten Bewusstsein.

Lehnen wir sie dagegen ab, verdrängen wir Negativität wie so oft und blicken lieber weg, dann stagniert in dieser Beziehung auch unsere Bewusstseinsentwicklung."[9]

Ein ganz anderes Hindernis ist am Anfang beim Scanning unsere zwangsläufig zu „verkopfte", zu begriffliche Haltung. Da wir erst einmal auf der begrifflichen Ebene unterscheiden lernen müssen, worum es geht, stören noch gedankliche Prozesse. Wir beobachten zu viel. Wir sind zu aufmerksam, zu gespannt, wir haben zu viele Erwartungen.

Scanning ist Tun, nicht Begriffe bilden oder Erfahrungen mit Begriffen abgleichen.

Wenn wir ständig prüfen, ob ein Gefühl als angenehm oder unangenehm oder neutral bezeichnet werden sollte, ob es sich um eine Körperempfindung oder ein Werturteil – und womöglich eine Bewertungs-Obsession – handelt, lenkt diese intellektuelle Tätigkeit vom eigentlichen, nonverbalen Scanning ab.

Deshalb hieß es in der Grundübung, (Kapitel 2 „Wie Scanning praktiziert wird"):

„Wie sollten die Regeln *konkret* angewendet werden? Müssen wir uns dieses Wissen beim Scanning ständig vergegenwärtigen und womöglich sogar lautlos vor uns hinsprechen? Auf gar keinen Fall! Das könnte den Scanning-Prozess durch zuviel Bewusstheit und angespannte Aufmerksamkeit behindern.

Wenn wir ständig analysieren und vergleichen, ob wir den Regeln entsprechen und was wir jetzt gerade erleben – beispielsweise positive Gefühle, angenehme Gefühle, neutrale Empfindungen –, dann ist der natürliche Fluss der Aufmerksamkeit gestört. Sie sollten um alle diese Regel genauestens Bescheid wissen, aber Sie müssen sie nicht ständig innerlich präsent haben."

Auch bei anderen Lernvorgängen, z.B. beim Autofahren, ist die Haltung zunächst durch zu viel Aufmerksamkeit und Nachdenken gesteuert. Erst wenn wir gewissermaßen automatisch das Richtige tun, wenn wir *habitualisiert* haben wird das Gelernte fließend. Wie bei jedem Lernen hilft hier nur Übung.

Kann Scanning schädlich sein?

Sehr viel Aversio-Scanning kann unter Umständen zu belastend wirken.

Schäden im eigentlichen Sinne sind nicht zu erwarten. In einer hoch belastenden Stresssituation kann es möglicherweise durch zu viel Scanning zu Panikreaktionen, Verstärkung von Angstgefühlen und irreführenden Interpretationen kommen. Letzteres hängt auch von unserer weltanschaulichen Haltung ab.

Wir sollten ein Gespür für das richtige Maß entwickeln und je nachdem die Zeiten verkürzen oder eine Zeit lang mit der Übung aussetzen. Es hat sich jedoch gezeigt, dass Aversio-Scanning auch unter stärksten, sogar traumatischen Stressbelastungen eine große Hilfe sein kann.

Der Grund dafür liegt darin, dass Ausweichen vor negativen Gefühlen die emotionale Belastung meist noch erhöht. Dem Lokführer, der durch einen Selbstmörder vor seinem Zug traumatisiert wurde, wird nicht geraten, ein paar Wochen auszuspannen, um sich von seinem emotionalen Stress zu „erholen". Sondern sein Nervensystem soll möglich schnell lernen, dass der Anblick von Schienen vor dem Führerstand nicht gleich bedeutend ist mit dem traumatischen Erlebnis. Und umgelernt wird hier am besten in der vorgestellten oder direkten Konfrontation.

Falsche Interpretation kann allerdings bei jeder Mentaltechnik zu Angsterlebnissen und Desorientiertheit führen

Dies gilt für das Autogene Training und Progressive Muskelentspannung genauso wie für andere Arten der Meditation. Da Scanning unter Umständen alte Verspannungen löst und diese sich je nach Persönlichkeitsstruktur und dem gegenwärtigen Stresszustand unseres Nervensystems in unangenehmen Gefühlen und Bildern oder auch Symptomen wie Muskelzucken, Tonwahrnehmungen äußern können, sollten wir uns immer vergegenwärtigen, dass unser Wissen, es mit einem Lösungsprozess zu tun zu haben, ganz wesentlich für die Wirksamkeit von Scanning ist. Wir legen negativen Erfahrungen keine weitere Bedeutung bei. Wirversuchen sie nicht zu interpretieren und ziehen keine weiteren Schlüsse daraus. Wir nehmen unsere Gedanken beim Scanning nicht ernst.

Kriterium für die Zweckmäßigkeit dieser Haltung ist
das allmählich immer deutlicher werdende
innere Freiwerden!

Wer seine Ängste und bedrängenden Bilder dagegen als „Botschaften", als „Kontaktaufnahme mit dem Jenseits" oder gar als Walten von Dämonen und Geistern oder mystischen Kräften versteht, praktiziert kein Scanning, sondern manövriert sich ohne therapeutische Hilfe unter Umständen in eine seelische Sackgasse.

7 Scanning und gezielte mentale Veränderung

Scanning ist, wie gezeigt wurde, eine extrem zulassende, natürliche Mentaltechnik. Scanning ist so betrachtet ein „Spiegel" des gegenwärtigen Zustands unseres Nervensystems. Mit ein wenig Übung lässt sich Scanning darüber hinaus auch gezielt bei bestimmten Problemen einsetzen.

Vergegenwärtigen Sie sich dazu, was Sie über Aversio-Scanning und Attractio-Scanning gelernt haben. Statt eines Scannings aller natürlich sich einstellenden unangenehmen Gefühle ist es auch möglich, gezielt auf ein Problem zu fokussieren! Dann gleicht die Methode der Behandlung von Phobien in der Verhaltenstheorie.

Allerdings unterscheidet sie sich in einem wesentlichen Punkt: Wir fokussieren nicht mehr „diffus" auf das Problem, z.B. bei einer Katzenphobie auf das *Bild* einer Katze, sondern gehen dank unseres genaueren Wissens, was Gefühle, direkt auf die Attractio als Angstvollsein, Schmerzhaftsein, Unangenehmsein usw.

Dabei schalten wir eine genügend lange Phase Scanning als Grundübung vor, um uns gut zu entspannen. Als Standardwert können zehn bis fünfzehn Minuten gelten. Danach gleicht das Verfahren der so genannten Problem-Desensibilisierung, wie ich sie an anderer Stelle beschrieben habe.[10]

Wir wählen ein Problem, das uns emotional zu schaffen macht und richten unsere Aufmerksamkeit eine Zeit lang – vielleicht fünf oder zehnmal oder auch mehr – auf den negativen Gefühlsaspekt der Vorstellung. Wenn Sie beispielsweise an Redeangst leiden, dann ist der negative Gefühlsaspekt jenes unangenehme, schmerzhafte, unlustbetonte „Gefühlslicht", das sich mit der Vorstellung oder realen Situation verbunden zeigt, vor Menschen zu sprechen. Wie beim Aversio-Scanning betrachten wir nur das Gefühl und lenken unsere Aufmerksamkeit bevorzugt auf jenen Aspekt des Gefühls oder der Stimmung, der unangenehm ist.

Dies geschieht in derselben Weise wie beim Scanning in der Grundübung. Wir nehmen das Gefühl so wahr, wie es sich von allein zeigt. Wir fliehen und verdrängen nichts. Wir bewerten und interpretieren nicht. Wir suchen nicht nach Ursachen oder anderen Erklärungen. Wir geben keine Kommentare ab. Kommen uns solche Gedanken in den Sinn, das lassen wir sie einfach als das stehen, was sie sind – Gedanken. Schweift die Aufmerksamkeit ab, kehren wir ohne Tadel zum Problem zurück. Es mag sein, dass das Gefühl körperlich ist. Vielleicht haben wir auch Assoziationen, die mit Gefühlen verbunden sind. Oder der Gedanke an unser Problem selbst ist schmerzlich, d.h., wir können das Unangenehmsein des Gefühls gar nicht genau im Körper lokalisieren. Oder aber wir erleben Bilder, die bedrängenden Charakter haben.

In all diesen Fällen fokussieren wir unsere Aufmerksamkeit immer auf den Aspekt des Unangenehmseins und lassen es so stehen, wie es sich anfühlt. Man kann auch sagen: Wir isolieren das Gefühl von seiner Bedeutung, wir trennen und betrachten nur den isolierten Teil des Problems: das negative Gefühl, die Aversio. Dabei reden wir uns nicht etwa ein, wir hätten demnächst keine Redeangst mehr! Es geht nicht darum, sich etwas vorzunehmen, geschweige denn, willentlich eine Besserung zu suchen. Wir müssen uns bei der Problem-Desensibilisierung auch nichts einbilden. Wir suggerieren uns nichts. Wir müssen nicht einmal an die Wirksamkeit des Verfahrens glauben!

Der Vorgang der Desensibilisierung ist ein automatischer Prozess ohne weiteres Zutun, ohne Absicht oder Erwartungshaltung. Absichten und Ziele behindern ihn eher. Er beruht auf einfachen mentalen Prinzipien, die uns nicht einmal bekannt sein müssen.

Bei stärkerer Angst sollte erst in entspannter Haltung der Höhepunkt der Angst zugelassen werden. Es darf nicht zu früh abgebrochen werden. Wir warten ab, bis sich die Emotion erschöpft hat. Andernfalls droht sich die Angst in weiteren Angstsituationen zu verstärken, da wir wieder in unsere alte Vermeidungshaltung zurückgefallen sind.

Problem-Desensibilisierung ist überraschend effektiv. Bei sehr starken Problemen sollte besser ein Verhaltenstherapeut hinzugezogen werden. Bei weniger intensiven Emotionen muss die Übung oft nur an drei bis fünf Tagen ein- bis zweimal täglich wiederholt werden, bis die emotionale Reaktion verlernt ist. Dabei ist es wichtig, zu wissen, dass Problem-Desensibilisierung bei allen Gefühlen funktioniert, also nicht nur bei Angst.

Dies ist in der Verhaltenstherapie noch nicht hinreichend bekannt, da die Unterscheidungen von Attractio und Aversio bisher nicht zur Verfügung standen. Ärger, Sorgen, Verstimmung, Eifersucht, Pessimismus lassen sich genauso effektiv desensibilisieren wie positive Gefühle, wenn wir einer Sucht verfallen sind. Trennungsschmerz ist etwas resistenter gegen Desensibilisierung als Ärger oder Beleidigtsein. Das Gleiche gilt für Gefühle, die mit starken praktischen Folgen verbunden sind, z.B. beim Bankrott oder bei unheilbaren Krankheiten. Immer aber erfahren wir mit genügend Ausdauer eine allmähliche Reduzierung unserer emotionalen Belastung.

Bei Sucht und anderen unerwünschten positiven
Gefühlen ist es lediglich nötig, genauso präzise auf den
Aspekt der Attractio zu fokussieren wie bei der Aversio

Auch positive Gefühle können also wieder verlernt werden, z.B. beim Rauchen, bei Völlerei oder Spielsucht. Um welche Art von Sucht es sich handelt, ist irrelevant. Gleiches gilt für unerwünschte sexuelle Obsessionen. Aber auch jede andere Form des positiven Gefühls, die uns nach Einschätzung unserer Lebensziele hinderlich erscheint, wie z.B. „Bequemlichkeit", lässt sich desensibilisieren.

Das Verfahren funktioniert umso besser, je authentischer wir das hinderliche Gefühl in der Haltung des bloßen Betrachters anschauen.

Dabei ist Scanning in der Grundübung eine ausgezeichnete Methode, um die Fähigkeit zu immer besserer Wahrnehmung und Unterscheidung und Identifizierung solcher innerer Phänomene zu steigern.

Da wir mit Scanning sehr leicht tiefe Entspannung erreichen und mit zunehmender Übung immer müheloser in unsere eigene „Mitte" gelangen („Selbstzentrierung"), d.h., nicht mehr so leicht von Gedanken und Gefühlen überschattet werden, ist Scanning auch eine gute Basistechnik, um weitere Mentaltechniken anzuschließen. Es ist seit langem bekannt, dass dies mit vorgeschalteter Entspannungsübung besser funktionieren als ohne.

Ich verweise hier auf Übungen, die ich an anderer Stelle beschrieben habe, so das „Gedankensetzen", die „Ja-Nein-Technik", die „Ja-Nein-Wunsch-Technik" und „modifiziertes Focusing".[11] Im Alltag besonders wichtig ist sekundenschnelles Desensibilisieren mit der „Technik des desensibilisierenden Blicks".[12]

In der Selbstzentrierung haben Entscheidungen mehr Kraft und realisieren sich leichter. Wenn wir uns im tief entspannten Zustand beim Scanning etwas vornehmen, sei es verbal oder nonverbal, dann tendiert dieser Vorsatz später im Alltag wesentlich eher dazu, sich zu realisieren, als würden wir dies im normalen Bewusstsein versuchen.

Störende Faktoren wie Bedenken, Unglauben oder Skepsis können beim Scanning leichter stehen gelassen werden. Wir koppeln uns müheloser von Bewertungs-Obsessionen ab. Skepsis ist immer auch mit Aversio-Wahrnehmungen verbunden, und solche negativen Gefühle lassen sich beim Scanning desensibilisieren. Dabei werden uns auch subtile Gefühlsauszeichnungen bewusst, die wir früher gar nicht bemerkt haben.

Als Beispiel für die Setzung positiver Entscheidungen mag hier der positive Wille stehen, sich überhaupt erst einmal grundsätzlich für die Verwirklichung von Attractio und die Verminderung von Aversio zu entscheiden, denn dies ist eine existentielle Weichenstellung von allergrößter Tragweite für unser privates wie gesellschaftliches Leben! Aber auch formelhafte Vorsätze wie im Autogenen Training oder Imaginationen früherer Zustände von Gesundheit lassen sich in der Versenkung des Scanning auf den Weg bringen.

Durch Übung von Attractio-Scanning und die Verfeinerung des Blicks auf subtile innere Phänomene reicht es manchmal aus, nur einige Mal kurz zu vergegenwärtigen, wie sich der Körper in einem belasteten Bereich anfühlte, als wir noch gesund waren. Wir haben z.B. Nackenschmerz oder Sodbrennen und versuchen uns zu erinnern, wie sich der Nacken oder Magen in normalem Zustand anfühlte.

Dies mag eine abstrakte, vage, nur blitzartige oder auch deutliche Erinnerung sein.

Versuchen wir diese nur kurz zu vergegenwärtigen, aber dabei nicht unseren Willen, geschweige denn irgendeine Art von „Einbildung" einzusetzen, dann tendiert die „gesunde Vorstellung" überraschenderweise dazu, den Platz des Krankheitssymptoms einzunehmen. „Was man sieht, das wird man."

8 Scanning und „emotionale Klugheit"

Als emotional intelligent oder klug kann nur gelten, die Bedeutung von Attractio und Aversio für unsere Leben zu durchschauen und nach dieser Einschätzung zu handeln. Emotional klug ist es danach, positive Gefühlserfahrungen in allen Bereichen zu steigern und negative Gefühle zu vermindern. Dies lässt sich in folgender Formel ausdrücken:

Emotionale Klugheit ist Intensivierung von Attractio und Verminderung von Aversio

In der Psychologie der Emotionalen Intelligenz war dieser Sachverhalt bis 1999 unbekannt.[13] Die Theorie krankte seit Daniel Goleman (Emotionale Intelligenz, deutsch 1996) an mangelndem Grundlagendenken. Hier fehlte es vor allem an genauen Vorstellungen, was unter „emotional", unter „Gefühl" und „Wert" bzw. „Werterfahrung" verstanden werden sollte.

Unsere Wertgerichtetheit im Alltag beschränkt sich oft zu sehr auf Werte als Mittel. Unsere Haltung ist intuitiv, es mangelt an Aufklärung. Geld, Ruhm, Macht, materieller Wohlstand, gleich welcher Art, aber auch alle anderen Ziele und Sinnvorstellungen in Beruf und Ehe, in der Ausbildung, in der Politik, in Kunst und Wissenschaft können jedoch nur dann als sinnvolle Ziele deklariert werden, wenn sie auch zu positiven emotionalen Wirkungen führen. Die Verbindung des Wertes als Mittel mit dem gefühlten Endwert wird zu oft übersehen. Leider lautet die Diagnose heutzutage all zu oft:

Fast die ganze Welt ist sich selbst entfremdet. Die meisten von uns leben in einem Zustand permanenter Desorientiertheit hinsichtlich ihrer allgemeinen Lebensziele und ihres Lebenssinns. Unsere Motive und Wertvorstellungen sind über weite Strecken Selbsttäuschungen. Kein Mensch würde sich ein Bild an die Wand hängen, das ihm nicht gefällt. In der Politik wie im Alltag spielt die Gefühlsantwort jedoch oft keine Rolle. Kaum jemand fragt bei der Entscheidung über Krieg oder Frieden nach den emotionalen Wirkungen. Fast immer handelt es sich um „verkopfte" Motivationen fernab unserer Gefühle, und nicht selten handelt es sich um Bewertungs-Obsessionen. Wir übersehen, dass letztlich nur die Gefühlsantwort entscheiden kann, ob sich das Leben lohnt oder nicht.

Es lässt sich keine andere Wertbegründung als durch Attractio und Vermeidung von Aversio zeigen

Dieser Sachverhalt ist praktisch immer noch so gut wie unbekannt. Emotionale Klugheit besteht darin, genau dies in vollem Umfang verstanden zu haben. Der Weise mag schon immer seinen Gefühlsintentionen gefolgt sein. Von einer aufgeklärten Gesellschaft hinsichtlich der Rolle unserer Gefühle kann jedoch keinesfalls gesprochen werden. Was den Wert des Lebens anbelangt, befindet sich die meisten Menschen eher noch in einem „magischen", vorwissenschaftlichen Zustand.

Emotionale Entgleisungen wie die Kreuzzüge, die Hexenverfolgung, der Faschismus und Nationalsozialismus und Stalinismus sind so betrachtet (auch) eine Folge unserer emotionalen Desorientiertheit.

Ein bezeichnendes Beispiel für diese Art der Selbstentfremdung ist unser übliches Verständnis der Moral. Nach weit verbreiteter Auffassung gelten moralische Werte „an und für sich", sind in irgendeiner Weise „objektiv", „richtig" oder „allgemeingültig". Tatsächlich aber – und durchaus überraschenderweise – lässt sich auch hinsichtlich der moralischen Regeln keine andere Begründung aufzeigen als die der Steigerung von Attractio-Erfahrungen und der Verminderung von Aversio-Erfahrungen.

Moralisch gut ist es demnach, Attractio beim anderen zu fördern und Aversio zu vermindern.

Da wir alle miteinander in einem emotionalen System leben, können wir nur als Einsiedler oder Robinson ohne die Kooperation mit anderen existieren. Würden wir dabei immer nur unsere eigene Attractio betreiben, führte dies zwangsläufig zu weniger Kooperation des anderen. Denn viele unserer Attractio-Erfahrungen wären nur auf Kosten des anderen zu realisieren, wären für den anderen Aversio-Erfahrungen.

Stellen wir uns, um diesen Sachverhalt zu verdeutlichen, die Gesellschaft als eine große Blackbox vor. An der Oberseite befindet sich eine Öffnung, die Aversio- und Attractio-Kugeln aufnimmt. An der Unterseite ist eine Öffnung, aus der die eingeworfenen Kugeln wieder zum Vorschein kommen. Mit Attractio-Kugeln sind unsere positiven Absichten und Handlungen dem anderen gegenüber gemeint. Aversio-Kugeln sind unsere negativen, egoistischen, aggressiven, destruktiven Absichten und Handlungen.

Niemand würde bei einem so einfachen Modell bezweifeln, dass immer nur das herauskommt, was oben eingeworfen wurde.

Unser gesellschaftliches System scheint jedoch auf den ersten Blick viel komplexer, viel undurchschaubarer. Tatsächlich aber verhält sich unsere Gesellschaft in emotionaler Hinsicht – wenn auch nicht ausnahmslos – diesem Modell durchaus ähnlich. Jeder Impuls einer Attractio-Kugel führt dem System Positivität zu. Jeder Impuls einer Aversio-Kugel vermehrt Negativität. Wir können kaum erwarten, dass das System positiv ist, wenn sehr viel Negativität eingegeben wurde. Wir können aber im Gegenzug erwarten, dass das System positiver ist, wenn Positivität zugeführt wurde.

Moralische Regeln dienen nach diesem Bild dazu „Attractio-Kugeln" zu vermehren und „Aversio-Kugeln" zu vermindern. Dies ist die einzige plausible Begründung der Moral. Alle anderen Moralbegründungen sind gescheitert. Es ist daher emotional klug, moralisch zu handeln.

Eine Einschränkung und Ausnahme stellen eigentlich nur technische Probleme, nicht vorhersehbare Schwierigkeiten, sogenannten „Zufälle" dar. Winke ich einem Bettler auf der anderen Straßenseite zu, um ihm eine Zehn-Euro-Note zu schenken, dann kann es passieren, dass er beim Überqueren der Straße von einem Auto überfahren wird. Ich habe das Gegenteil meiner guten Absicht erreicht. So tragisch ist das Leben. Leben bleibt eine Melange aus Attractio und Aversio.

In ähnlicher Weise ist nicht prognostizierbar, ob mich alle Attractio-Kugeln, die von anderen dem emotionalen System zugeführt werden, deutlich zufriedener oder gar glücklich machen. Denn Gefühle sind kontingent. Ich kann aber erwarten, dass Aversio-Kugeln mit hoher Wahrscheinlichkeit von mir negativ erlebt werden.

Viele Menschen wissen intuitiv, wie ein friedliches, produktives und erfülltes Leben zu führen ist. Sie handeln aus dem Bauch heraus „klug" und „vernünftig". Und dieser Teil der Menschheit ist dafür verantwortlich, dass wir Gesetze und brauchbare Verhaltensregeln entwickeln, dass wir Moral und Freiheit, Toleranz, Kunst und Kultur und die Wissenschaften fördern.

Aber die wenigsten sind im Stande, ihr Verhalten rational zu erfassen, geschweige denn, es auf den Punkt zu bringen. Sie leben in einem Zustand leichter Selbstentfremdung, doch ohne jene negativen Folgen wie Hass, Krieg, Terror und Intoleranz und Gewalt, für die echte emotionale Irrläufer verantwortlich sind.

Votiert wird in diesem Buch für eine kopernikanische Wende unseres Selbstverständnisses – den entscheidenden zweiten Schritt der Aufklärung. Dann ist die Prognose durchaus günstig: Mit einem angemessenen Verständnis unserer Werte und Gefühle lassen sich viele sonst kaum durchschaubare Probleme im Leben aus der Welt schaffen.

9 Wenn Scanning zur Lebenshaltung wird

„Von Freude und Leid unberührt betrachtet der Weise die Welt" – so heißt es sinngemäß in der *Bhagavadgita*, dem altindischen religiösen Epos. Glück und Leid ziehen am inneren Auge vorüber wie die Planeten im Weltraum – daher auch manchmal der Ausdruck „kosmisches Bewusstsein".

Schon vor sehr langer Zeit wussten die Weisen, das unser Bewusstsein formbar ist. Es gibt einen Zustand, in dem wir weniger leiden, und dieser besteht vor allem in einem veränderten Umgang mit der Attractio und Aversio.

Scanning führt fast zwangsläufig zu mehr Bewusstheit, mehr Achtsamkeit und Distanz, zu mehr Wahlmöglichkeit den eigenen Gefühlen gegenüber. Was wir täglich vor Augen haben, ist uns vertrauter als fern liegende Dinge. Wir lernen uns in der inneren Welt zu bewegen. Wir lernen zu unterscheiden. Wir können eher loslassen, stehen lassen, annehmen. Werden wir uns auf solche Weise durch langjähriges Scanning der uns bewegenden Kräfte immer bewusster, dann kann dies nicht ohne Einfluss auf unser spontanes Verhalten bleiben. Wir erkennen unsere Freude, unser Wünsche und Verhaftungen als das, was sie sind: zufällige, psychische Ereignisse, die man annehmen, von denen man sich aber auch lösen kann.

Scanning trainiert darüber hinaus die Fähigkeit des „desensibilisierenden Blicks" – sich in Aktion im Alltag von hinderlichen Gefühls- und Gedankeneinstellungen in Sekundenschnelle zu lösen.[14] Wir haben mehr Freiraum in unseren Entscheidungen. Waren wir vorher über weite Strecken Marionetten unser kontingenten Gefühle, dann können wir jetzt eher entscheiden, welchen Gefühlen,

Emotionen, Stimmungen und Affekten, aber auch welchen Wünschen wir nachgeben wollen.

Scanning ist am Ende eine Lebenshaltung: und zwar die der aufgeklärten Persönlichkeit, die eher weiß, was sie bewegt und die ihre Impulse kontrollieren kann. Das schließt nicht aus, dass wir ohne jede Kontrolle und Manipulation lediglich unseren Eingebungen und Intuitionen gehorchen, wann immer wir dies opportun finden.

Wie wir im vorhergehenden Kapitel gesehen haben, tendieren wir mit dieser Haltung eher dazu, nicht autark und egoistisch zu handeln, sondern sind uns des emotionalen Zusammenhangs bewusster, in dem wir alle miteinander leben.

10 Wie Scanning entstanden ist

Als ich mich etwa um 1970 für mentale Techniken zu interessieren begann, ahnte ich noch nichts von Scanning. Ich befasste mich schon seit langem mit der theoretischen Begründung von Werten. Genauer, ich versuchte herauszufinden, was das „Wertvollsein" unserer Erfahrungen konstituiert (falls es überhaupt einen gemeinsamen Faktor gibt, den man dafür in Anspruch nehmen kann). Mir scheint, dass die abendländische Geistesgeschichte hier ihr Hauptthema verfehlt hat. Dabei ging ich auch der Frage nach, was Werte mit Gefühlen zu tun haben.

Ich entdeckte, dass es in unserer Kultur keine genauen Vorstellungen und keine allgemeine Übereinkunft über den Begriff des Gefühls gibt. Während meines Studiums der Philosophie wurde mir immer klarer, dass ich mich auf die philosophischen Grundlagen der Psychologie spezialisieren würde.

In dieser Zeit lernte ich neben therapeutischen Verfahren auch Mentaltechniken wie Autogenes Training, Progressive Muskelentspannung, Zen, Yoga und Transzendentaler Meditation (TM) kennen. Mein Interesse war zunächst rein praktischer Art. Ich suchte nach Wegen, mit meinen eigenen Problemen zurecht zu kommen. Von all diesen Techniken erschien mir die TM wegen ihrer Leichtigkeit und Effektivität am bemerkenswertesten.

Problematisch fand ich dagegen ihren esoterischen, religiösen Hintergrund. Wie in allen Religionen waren mir auch hier die Grundannahmen zu spekulativ. Nach vielen Jahren des Kontakts mit zahlreichen Experten und Übenden und seit 1975 rund 2000 Stunden Workshop, Gesprächen, Entwicklung, Erprobung und Vertiefung begann ich genauer der Frage nachzugehen, woran es eigentlich lag, dass viele Menschen, die zunächst recht erfolgreich Meditationstechniken ausüben, nach einigen Jahren nicht mehr weiterkommen und dabei sehr oft in bizarr anmutende Esoterik abgleiten.

Zu meiner eigenen Überraschung entdeckte ich, dass eine mögliche Erklärung in dem lag, was ich gerade theoretisch in der Wert- und Gefühlstheorie untersuchte. Es fehlte den Übenden an der Klärung solcher grundlegender Begriffe wie „Gefühl", „Emotion", Stimmung", „Wert", „Sinn". Man kommt deshalb nicht weiter, weil die Unterscheidungsfähigkeit und damit auch die Einordnung innerer Phänomenen in den allgemeinen Lebenszusammenhang fehlen.

Eine Ergänzung, wenn nicht sogar Wende in meinen Bemühungen bedeutete ab 1996 ein neuer Trend in der Psychologie. Es war die Zeit, in der Daniel Golemans Buch „Emotionale Intelligenz" seinen Siegeszug um die Welt antrat. Goleman gab sich sehr skeptisch, was die praktische Umsetzung seiner bei amerikanischen Wissenschaftlern gesammelten Erkenntnisse über das Phänomen „Emotionale Intelligenz" anbetraf. Seine profunde Gesamtschau des gegenwärtigen Standes der Psychologie hinsichtlich dieses Themas war eher theoretisch als praktisch.

Durch meine eigenen theoretischen Studien erkannte ich schnell, dass diese Skepsis auf Goleman mangelndem Grundwissen unserer emotionalen Verfassung beruhte. Goleman kann weder einen halbwegs klaren Begriff von Emotionaler Intelligenz vorweisen, noch hält er überhaupt die Frage für erwägenswert, was Gefühle sind und worin sie sich von Emotionen, Stimmungen und Affekten und Werterfahrungen unterscheiden.

Auch der Begriff des Wertfühlens kommt bei Goleman nicht vor. Mit der Kenntnis von Psychologen und Philosophen wie Wundt, Külpe, Brentano, Scheler und N. Hartmann im deutschen Sprachraum wäre das kaum denkbar gewesen. Amerikanische Psychologen gehen offenbar selten historisch vor, der europäische Raum spielt – von Ausnahmen wie Freud und C. G. Jung einmal abgesehen – kaum eine Rolle.

Mir wurde klar, dass Emotionale Intelligenz sehr wohl umsetzbar ist. Man muss dazu lediglich die Erfahrungen aus den alten und neuen Meditationstraditionen, aus der Verhaltenstherapie und die neuesten Einsichten über Gefühle einbeziehen. Ich versuchte daher, Mentaltechniken wie die Wortklangmeditation, die aus der alten Mantrameditation abgeleitet ist, durch mehr psychologisches Wissen zu vertiefen.

Dazu entwickelte ich auf der Basis bekannter Methoden mit neuen Begriffen neue Mentaltechniken wie die „Körper-Desensibilisierung", das „Gedankensetzen" (eine verbesserte Form formelhafter Vorsatzbildung, wie wir sie aus dem Autogenen Training kennen), die „Ja-Nein-Technik", die „Ja-Nein-Wunsch-Technik" und das „modifizierte Focusing".

Diese Techniken bewiesen in zahlreichen Seminaren mit Hunderten von Teilnehmern ihre Wirksamkeit, so dass ich mich mehr und mehr der weiteren Erforschung solcher nicht-esoterischen Methoden widmete.

Irgendwann wurde mir bewusst, dass ich während all der Jahre spontan eine weitere Meditationstechnik einsetzte, die ich zunächst gar nicht als solche erkannte. Sie war mir gewissermaßen „untergekommen". Zunächst hielt ich sie eher für einen „Zustand", der mit dem geübten Blick nach innen entstand.

Erst später wurde mir bewusst, das es sich tatsächlich um nichts Statisches, sondern um eine neu Methode handelte, die spontan während meiner Beschäftigung mit anderen Techniken entstanden war.

Was ich da praktizierte, war außerordentlich effektiv und

erholsam. Es machte mich gesünder, und es ließ mich leichter mit Schicksalsschlägen fertig werden. Es gab mir Maßstäbe des Handelns und bündelte und forcierte meine Kräfte.

Ich gehe wohl nicht zu weit, wenn ich annehme, dass ein beträchtlicher Teil meiner geistigen Gesundheit und Ausgeglichenheit, aber auch meiner Leistungsfähigkeit von dieser Technik abhing (in jenen Jahren schrieb ich über dreißig Bücher). So entstand die Idee, ein Buch über Scanning zu schreiben. Der vorliegende Text scheint mir die am besten angenäherte Version dessen zu sein, was ich tagtäglich mit Scanning erlebe.

Heutzutage glaube ich, dass niemand ohne genügend Kenntnis unserer „emotionalen Grammatik" in der Lage wäre, Scanning zu beschreiben. Man benötigt dazu klare Begriffe: Körperempfindungen müssen sauber von Gefühlen unterschieden werden. Gefühle sind nicht verstehbar, wenn wir keinen Begriff von Attractio und Aversio besitzen. Dann können wir bestenfalls intuitiv auf die jeweiligen Komponenten unseres Erlebens fokussieren. Gerade aber, wenn Schwierigkeiten beim Scanning auftreten, ist es wichtig, genau zu wissen, was die Attractio ist und in welcher Beziehung sie zu unseren Wert- und Unwerterfahrungen steht.

Insofern handelt es sich bei der Entwicklung von Scanning um ein glückliches Ineinandergreifen von Theorie und Praxis. Ich glaube, dass mehrere Dinge zusammengewirkt haben, um „Scanning" schreiben zu können: meine theoretischen Bemühungen, den Gefühls- und Wertbegriff zu entwirren und das zu definieren, was man „emotionale Klugheit" nennen sollte und meine über zwanzigjährige Beschäftigung mit der sogenannten „Wortklangmeditation" und anderen Mentaltechniken, die ich auf der Basis der alten Mantrameditation entwickelt hatte.

ANHANG

Emotionale Intelligenz – Wende in der Psychologie oder alter Wein in neuen Schläuchen?

Dieser Abschnitt informiert über den letzten Stand des Nachdenkens über Gefühle und ihre Veränderbarkeit. Neueste Tendenzen und Entwicklungen erlauben es, besser einzuschätzen, in welchem wissenschaftlichen und theoretischen Umfeld Scanning entstanden ist und warum Emotionale Intelligenz inzwischen viel leichter praktisch umsetzbar ist, als man bisher glaubte. Ergebnisse aus unserer Einführung in Scanning werden noch einmal zusammengefasst und in einen breiteren psychologischen Zusammenhang gestellt.

In den neunziger Jahren entwickelten amerikanische Psychologen wie Howard Gardner (1983) John Mayer und Peter Salovey (1990) ein neues Konzept von Intelligenz, das stärker als bisher die Rolle unserer Gefühle im Leben einbeziehen sollte. Es ging von der Frage aus, warum der so genannte Intelligenzquotient (IQ) nicht immer so aussagekräftig für den Erfolg eines Menschen ist, wie man erwarten würde.

Menschen mit geringerem IQ können Höchstbegabten durchaus überlegen sein – und zwar sowohl im Arbeitsleben wie auch in der Erziehung oder bei der Bewältigung persönlicher Schwierigkeiten. Aus diesen Beobachtungen schloss man auf einen weiteren Faktor von Intelligenz, der später „Emotionale Intelligenz" („EQ") genannt wurde.

Daniel Goleman leitete dann aus diesem psychologischen Ansatz mit seinem Weltbestseller „Emotional Intelligence" (1995) eine neue Ära des Nachdenkens über die Funktion unserer Gefühle ein. Allein im deutschsprachigen Raum erschienen über 100 Sachbuchtitel zum Thema.

Von Kritikern wurde jedoch schon früh bemängelt, Daniel Golemans Begriff der Emotionalen Intelligenz bleibe vage und ungenau. Im Grunde handele sich um alten Wein in neuen Schläuchen. Unbestreitbar ist an dieser Kritik, dass im Laufe der abendländischen Geistesgeschichte schon immer über Gefühle nachgedacht wurde – so in der griechischen Philosophie (Aristippos, Epikur, Aristoteles, Platon), aber auch in der Neuzeit (Hume, Bentham, Brentano, Wundt, Scheler). Freud befand sogar:

„Es ist einfach das Programm des Lustprinzips, das den Lebenszweck setzt ... an seiner Zweckdienlichkeit kann kein Zweifel sein, und doch ist sein Programm im Hader mit der ganzen Welt ...“[15]

Man muss den neuen Ansatz der Psychologie der Emotionalen Intelligenz jedoch vor seinen Kritikern in Schutz nehmen, denn inzwischen lässt sich genauer nachweisen, dass der Stellenwert der Gefühle noch weitaus höher ist als angenommen. Dies nicht in vollem Unfang erkannt zu haben, dürfte sogar als eine der Hauptursachen für unsere Desorientiertheit und Destruktivität und unser emotionales Irrläufertum angesehen werden.

Emotionale Intelligenz, das ist laut Goleman: „die Fähigkeit, unsere eigenen Gefühle und die anderer zu erkennen, uns selbst zu motivieren und gut mit Emotionen in uns selbst und in unseren Beziehungen umzugehen“.[16]

Aber was genau bedeutet es eigentlich, „gut“ mit seinen Emotionen umzugehen? Mit dieser Definition bleiben noch zu viele Fragen offen.

So war es auch verständlich, dass Goleman sich selbst eher skeptisch über die Möglichkeiten der praktischen Umsetzung seines Konzepts äußerte („Nur besteht das Problem darin, dass emotionale Intelligenz nicht in Kursen, Seminaren, Konferenzen und so weiter vermittelt werden kann"[17]) – denn wovon man nur vage Vorstellungen hat, das kann man auch weniger leicht verändern.

Die meisten Autoren verstehen unter Emotionaler Intelligenz bestimmte Verhaltensweisen (oder unsere Fähigkeit dazu), die dann in der Tat ziemlich genau der Definition Golemans entsprechen. Somit wäre „guter Umgang mit Gefühlen" zum Beispiel, den anderen, anstatt ihn mit Kritik, Besserwisserei und autoritären Gehabe zu demotivieren, durch Verständnis, sachliches Gespräch, Anleitung und Beschreibung des jeweiligen Wertes – z.B. der Erziehung, der Arbeitsziele oder des moralischen Verhalten – zu motivieren. Dazu gehören auch Lob und Anerkennung, gute zwischenmenschliches Beziehungen und Teilhabe am ideellen und materiellen Gewinn.

Solche Intentionen sind natürlich nicht falsch, sondern im Gegenteil sogar richtig und wünschenswert. Aber damit schöpft man doch bei weitem nicht aus, was inzwischen auf Grund vertiefter Einsichten an positiven Veränderungen möglich wäre. Vor allem aber fehlt hier außer dem rhetorischen Appell völlig die theoretische Basis, warum wir das alles überhaupt wollen sollten. Nur wenn wir über mehr Grundwissen verfügen, wird es möglich, den gegenwärtig noch viel zu engen Rahmen unseres Verständnisses von Emotionaler Intelligenz zu überschreiten und vielleicht eine radikale Wende in unserem Verhältnis zu uns selbst und zum anderen zu vollziehen.

Der größte Teil der Sachbücher befasst sich mit Ausführungen zum Thema ohne ausreichendes Basiswissen und garniert Verhaltensregeln mit sekundären hirnphysiologischen Grundlagen (z.B. über die Funktion des „Mandelkerns") und Erkenntnissen aus der Neurophysiologie der Gefühle, und hier vor allem den Korrelationen von Gefühl und Physis. Allerdings zeigt sich dabei, dass auch die Hirn-forschung kein klares Verständnis der Gefühle, Emotionen, Stimmungen und Affekte besitzt. Man untersucht einen Gegenstand, der im Grunde völlig nebulös ist.

So liegt selbst der amerikanische Neurophysiologe Antonio R. Damasio – der immerhin als einer der Wegbereiter seines Fachs gilt – überraschend falsch, wenn er definiert: „Zusammenfassend lässt sich feststellen, dass das Gefühl sich zusammensetzt aus einem geistigen Bewertungsprozess, der einfach oder komplex sein kann, und dispositionellen Reaktionen auf diesen Prozess".[18] Diese Definition kann unmöglich zutreffend sein, wie wir weiter unten noch genauer sehen werden.

Es lässt sich sogar mit Fug und Recht behaupten, dass Neurophysiologie, Psychologie und Philosophie hinsichtlich des Charakters der Gefühle mehr Verwirrung stiften, als aufklären. Ärzte und Therapeuten, aber auch Laien, die nach Hilfe zur Selbsthilfe suchen, werden – oft ohne von diesem Mangel an Grundlagendenken etwas zu ahnen – mit ihren Problemen allein gelassen.

Erst in Golemans Nachfolge gelang es genauer zu bestimmen, was Emotionale Intelligenz (bzw. auch „emotionale Klugheit") genannt werden sollte (P. Schmidt 1999, 2001, 2002[19]). Dazu war es erforderlich, grundlegende Begriffe wie „Gefühl", „Emotion", „Stimmung" „Affekt", „Wert" und „Sinn" einer neuen Klärung zu unterziehen. Methodologischer Ausgangspunkt ist neben der genaueren phänomenologischen Analyse eine „reduktive Definition":

Was darf in der Begriffsbestimmung des Gefühls keinesfalls fehlen, damit die jeweilige psychische Erlebniskategorie so genannt werden kann?

Diese Vorgehensweise entpuppte sich als ein entscheidender Schlüssel.

Beispiel für eine „reduktive Definition": Der Begriff des Dreiecks lässt sich auf die Minimaldefinition „drei winkelig untereinander verbundene Gerade" reduzieren. Individuelle Dreiecke können dagegen groß oder klein, spitz- oder stumpfwinkelig, konkret oder nur vorgestellt sein; sie können aus Holz, Papier, Kreide oder beliebigen anderen Materialien bestehen, doch diese Eigenschaften sind nicht notwendig, also „wesentlich", sondern lediglich kontingent.

Wie L. Wittgensteins und H. Putnams Untersuchungen zum Begriff der Bedeutung gezeigt haben, ist das zwar nicht die einzige Möglichkeit, um Begriffe zu bilden. Die Reduktion auf das wesentliche Begriffsmoment erscheint jedoch gerade auch bei den oben angeführten Grundbegriffen unentbehrlich, weil sie zu außerordentlich wichtigen Unterscheidungen für das Verständnis Emotionaler Intelligenz und ihrer praktischen Umsetzung führt. Hier erwies sich, dass intuitives Begriffsverständnis in der Psychologie zwar oft, aber eben nicht in allen Fällen ausreicht.

Versucht man dem, was Emotionale Intelligenz genannt werden könnte, auf den Grund zu gehen, dann stellen sich folgende Fragen:

Was ist das wesentliche und unentbehrliche Merkmal des Gefühls?

Was ist das wesentliche Merkmal der Emotion? Unterscheiden sich Gefühl und Emotion? Was ist das wesentliche Merkmal der Stimmung? Unterscheiden sich Gefühl, Emotion und Stimmung?

Was ist das wesentliche Merkmal des Affekts? Unterscheiden sich Gefühl, Emotion, Stimmung und Affekt? Was ist das wesentliche und unentbehrliche Merkmal unserer Werte, Werturteile und Werterfahrungen? Was ist das wesentliche und unentbehrliche Merkmal in unseren Vorstellungen über Lebenssinn?

Was haben Werte, Werturteile und Werterfahrungen und Erfahrung von Lebenssinn mit Gefühlen, Emotionen, Stimmungen und Affekten zu tun?

Goleman und seine Vorgänger – und wie schon erwähnt auch die moderne Psychologie und Philosophie – geben auf diese Fragen nur unbefriedigende Antworten. So herrscht in der Psychologie noch immer Uneinigkeit darüber, was zweckmäßigerweise „Gefühl" genannt werden sollte. Der amerikanische Philosoph Robert C. Solomon hat das erst unlängst so formuliert: „Was ist ein Gefühl? Man sollte vermuten, dass die Wissenschaft darauf längst eine Antwort gefunden hat, aber dem ist nicht so, wie die umfangreiche psychologische Fachliteratur zum Thema zeigt."[20]

Wundt schlug 1910 ein dreidimensionales Gefühlsmodell vor. Danach sind die wesentlichen Komponenten des Gefühls Lust und Unlust (1), Spannung und Lösung (2) und Beruhigung und Erregung (3). Psychologen wie H. Ebbinghaus und O. Külpe vertraten dagegen ein eindimensionales Modell aus Lust und Unlust.

Luststreben und Vermeidung von Unlust werden wird schon seit der Antike (Aristippos, Epikur) als wichtige Momente der Motivation verstanden. Doch wurde dieses Begriffspaar vielfach als zu eng, mithin als erweiterungsbedürftig angesehen.

Nietzsche z.B. erklärte das Moment der Lust in der Motivation sogar für sekundär und ersetzte es durch unseren allgegenwärtigen Willen zur Macht. Dass Lust und Unlust Gefühlsmerkmale sind, wird dabei selten bestritten, wohl aber, dass diese Momente das wesentliche und unentbehrliche Moment des Gefühlsbegriff darstellen.

In der Gegenwart ist die Situation völlig unübersichtlich: Zahllose Ansätze der Gefühlstheorie versuchen vergeblich eine Übereinkunft hinsichtlich des Gefühlsbegriffs zu erzielen, mit dem sich dann nicht nur theoretisch sondern auch praktisch – z.b. therapeutisch und psychiatrisch, weltanschaulich oder als Hilfe zur Selbsthilfe, – arbeiten ließe.

Um nur einige wichtige Autoren zu nennen: James (1884), Marañón 1924, Cannon (1927), Woodworth (1938), Schlosberg (1954), Schachter und Singer (1962), Valins 1966, Burns und Beier (1973), Graham (1975), Marshall u. Zimbardo 1979, Rosenthal (1979), Schmidt-Atzert (1981), Lange (1998). So viele Namen wie kontroverse Meinungen ...

Selbst in der Verhaltenstherapie, die ja immerhin Phobien therapiert, sucht man vergeblich nach einem klaren Konzept, was denn im Wesentlichen den Angstbegriff ausmache und inwiefern sich Ängste von anderen negativen Gefühlen wie z. B. Trauer, Eifersucht, Ekel, Empörung oder Wut unterscheiden. Intuition ersetzt hier immer noch genaues Verständnis.

Wolpe, einer der Begründer der modernen Verhaltenstherapie, hatte offenbar keine klare Vorstellung davon, was er eigentlich therapierte. Wie sich noch zeigen wird, macht dieses Manko die Verhaltenstherapie auch gegenwärtig weniger leistungsfähig als sie sein könnte. Auch Psychotherapeuten sind sich kaum im Klaren darüber, was sie eigentlich behandeln, wenn sie Patienten bei der Bewältigung ihrer Gefühle helfen.

Fragt man, warum es so problematisch ist, den Gefühlsbegriff – sei es als positives oder als negatives Gefühl – zu definieren, dann stoßen wir auf fünf fundamentale Schwierigkeiten:

1.) Zunächst einmal erscheint die nicht erst seit dem Psychologen W. Wundt geläufige Erklärung unzureichend, was das positive Gefühl ausmache, sei einfach die „Lust". Der Begriff Lust ist vor allem durch Vergnügen, Spaß und Sex besetzt. Das positive Gefühl, dass wir vielleicht bei einer Erleichterung oder bei verantwortlichem Handeln erleben, wäre mit dem Begriff der Lust genauso wenig zutreffend charakterisiert wie eine anmutige Tanzbewegung oder das „gute Gefühl", wenn wir jemandem helfen.

Zwar handelt es sich bei diesen Beispielen immer um positive Gefühle, aber eben nicht um jenes Gefühl, das wir gemeinhin Lust nennen. Lust ist offenbar nur eine Variante einer breiteren Skala positiver Gefühle. So wenig wie Lust sind übrigens auch die Begriffe „Spaß", „Vergnügen", „Freude" oder „Glück" dazu geeignet, die ganze Skale positiver Gefühle zu bezeichnen.

2.) Unsere Sprache verfügt sowohl für das positive wie auch für das negative Gefühl über keinen allgemeinen Begriff. Was aber nicht bezeichnet werden kann, das fällt auch leicht durch unser Wahrnehmungsraster (so schon Kant: „Anschauungen ohne Begriffe sind blind"; später dann besonders der Sprachwissenschaftler B. L. Whorf). Und in der Tat macht dies etwas verständlicher, warum den Theoretikern von der Antike bis zum heutigen Tage entgangen ist, was als identisches und wesentliches Gefühlsmerkmal sowohl Gefühle im eigentlichen Sinne wie auch Emotionen, Stimmungen, Wertgefühle, Affekte und Leidenschaften verbindet.

3.) Weil das Gefühl oft begrifflich schwer fassbar ist, konnte es dem Alltagsmenschen ebenso wie dem Theoretiker leicht entgehen, dass die gleich Art der positiven oder negativen Erfahrung sich in allen Erfahrungsbereichen finden lässt. Tatsächlich finden sich Gefühlskomponenten bei genauerem Hinsehen auf allen Ebenen: also beim Sehen, Hören, Riechen, Schmecken, Tasten, bei den Körperempfindungen ebenso wie in Gedanken, Vorstellungen und Erinnerungen, in der Neugier und im Erstaunen wie beim Interesse.

4.) Der Begriff Gefühl impliziert für die meisten Menschen (und auch für Psychologen und Therapeuten) eine gedankliche Komponente, also das, was man gemeinhin „Bedeutung" nennt. So ist etwa die Bedeutung des Gefühls der Eifersucht jenes Dreiecksverhältnis, im dem ich nicht will, dass mein Partner sich mit jemand anderem einlässt. Die Bedeutung des Gefühls der Trauer besteht darin, dass jemand gestorben ist, der einem nahe stand.

Solche Bedeutungen als gedankliches Auffassen sind jedoch für das Gefühl nicht wirklich notwendig, also wesentlich, sondern lediglich kontingent. Das Erfassen von Bedeutungen – und damit oft auch von realen Sachverhalten – ist nur eine Möglichkeit von vielen, wie wir Gefühle wahrnehmen. Tatsächlich erleben wir auch Gefühle, wenn wir noch gar nicht wissen, was wir warum erfahren.

Das Gefühl des Schmerzes, wenn ich mir im dunklen Zimmer am Tisch das Bein stoße, setzt keineswegs voraus, dass ich weiß, wogegen ich gestoßen bin. Ein Säugling, der am Po Schmerz empfindet, muss noch nicht wissen, dass es so etwas wie seinen Po überhaupt gibt. Er verspürt nur dumpf eine bestimmte Körperregion, für die er noch gar keinen Namen besitzt. Das schließt jedoch wiederum nicht aus, dass viele Gefühle erst durch gedankliches Auffassen ausgelöst werden.

5.) Gefühle sind oft äußerst subtil und verbinden sich auf vielfältige Weise mit Objekten (Sinneswahrnehmungen, Empfindungen, Gedanken, Vorstellungen, Motivationen, Wollensregungen). Da der Mensch überwiegend, wie der Philosoph und Psychologe Max Scheler richtig bemerkt, auf Dinge und nicht auf Gefühle hin orientiert ist ("Der Mensch strebt zunächst nach Gütern, und nicht nach der Lust an den Gütern"), entgehen ihm wegen mangelnder Introspektion viele Gefühle. Dann hat man zwar Gefühle, man *erlebt* sie und *reagiert* auch darauf, z.B., in dem sie als Motivation fungieren, *symbolisiert* solche Erfahrungen jedoch nicht mit Hilfe von Begriffen. Anders ausgedrückt: Gefühle haben oft keine Namen und bleiben unbewusst.

Definitionen

Fragt man, was in Gefühlserfahrungen keineswegs fehlen darf, damit sie – auch umgangssprachlich – als Gefühle bezeichnet werden, dann findet man bei positiven und negativen Gefühlen nur jeweils ein unentbehrliches Moment. Das ist beim positiven Gefühl sein Angenehm-, sein Attraktiv-, sein Lustvollsein, also das, was die Erfahrungsqualität anziehend macht.

Dies geschieht in der gleichen Weise bereits durch einfache Wahrnehmung – also auch ohne Wissen und Interpretation des Vorgangs -, wie wir andere Qualitäten wahrnehmen, z.B. die Empfindung der Wärme. So wie wir, um Wärme zu empfinden, nicht wissen müssen, wie das, was wir empfinden heißt, so benötigen wir auch für die Wahrnehmung des Gefühls keinen Begriff. So wie wir bei einer grünen Farbempfindung nichts benennen oder einen Begriff von Grün haben müssen, um etwas Grünes wahrzunehmen, so gibt es auch elementare Gefühlseindrücke.[21] In derselben Weise, wie wir Sinnes- und Körperempfindungen haben, erleben wir also auch Gefühle.

Der Lustbegriff erweist sich bei der Definition wie schon gesagt für die allgemeine Bezeichnung des positiven Gefühls als zu eng. „Angenehmsein" wäre als Begriff zwar zutreffend, weil diese Bezeichnung umfassender auf positives Fühlen anwendbar ist als „Lust".

Doch erscheint der Begriff oft (z.B. in der sexuellen Lust des Orgasmus) als nicht treffende Wortwahl, weil „angenehm" dem Sprachgebrauch entsprechend eher schwachen Gefühlen zugeordnet wird. Angenehmsein ist nicht ganz falsch – ein Orgasmus ist „angenehm" -, aber eben auch nicht völlig stimmig.

Beim negativen Widerpart des positiven Gefühls ist es sein Unangenehmsein, das was die Erfahrung im (weitesten Sinne) schmerzhaft macht, was wehtut, was deswegen gemieden werden will, wovor man flüchtet, was die Antipathie oder Aversion begründet.

Im Folgenden werden wir daher mangels anderer traditioneller Begriffe das positive Gefühlsmoment Attractio (von Spätlateinisch attractio -„das Ansichziehen") und das negative Gefühlsmoment Aversio (von Lateinisch āversio – „das Sichabwenden") nennen.

Die Natur verfügt nur über zwei sehr einfach Methoden, um Dinge neben der intellektuellen Einsicht in Werte als Mittel für uns begehrenswert oder abstoßend zu machen: die Gefühlsauszeichnung von Wahrnehmungen durch Attractio und Aversio.

Die Attractio hat folgende Eigenschaften:

a) Sie ist lustvoll, attraktiv, angenehm, anziehend, „in-sich-selbst-wertvoll". Ihr Angenehmsein zeigt sich unmittelbar, anschaulich und evident, ohne notwendiges gedankliches Verständnis. Ihre Anziehungsqualität erweist sich darin, dass sie – für sich allein gesehen – bei direkter Erfahrung von jedermann gewollt wird. Sie wird nur abgelehnt, wenn dafür Gründe sprechen, die nicht in seiner unmittelbaren attraktiven Anschauung liegen (z.B., wenn bei der durch Heroin verursachten Lust erkannt wird, das Heroin die Gesundheit schädigt und abhängig macht).

b) Die Attractio ist (hypothetisch) verursacht, auch wenn wir ihre jeweilige Ursache, sei es im Bewusstsein oder/und Nervensystem und Gehirn oder durch Erziehung, Moden, Bräuche usw. nicht immer eindeutig ausmachen können.

c) Die Attractio ist eine Erlebniskategorie sui generis, d.h. grundsätzlich verschieden von Körperempfindungen (z.B. Spannung, Wärme), Sinnesempfindungen, Gedanken, Vorstellungen und Intentionen. Sie kann sich jedoch mit all diesen Erfahrungen verbinden. Dass es sich bei der Attractio um eine Kategorie sui generis handelt, macht es plausibel, es für das wesentliche Moment des Begriffs „Gefühl" in Anspruch zu nehmen. Während im Sprachgebrauch der Begriff Gefühl eher für Einheiten von Sinneswahrnehmungen, Empfindungen, Gedanken, Hinwendungen und Abwendungen (dass mit dem Gefühl meist ein „Hin zu ..." und „Weg von ..." verbunden ist) und Urteilen und Wertungen verwendet wird, ist die Attractio also so etwas wie „der reine Begriffskern", das, was in all den angesprochenen Erlebniseinheiten als identisch und unentbehrlich angesehen werden muss. Wir haben demnach bereits positive Gefühle, wenn wir die Attractio erleben, aber meist tritt die Attractio in der Verbindung mit andere Kategorien des Erlebens auf. Deshalb ist es sinnvoll, zwischen Attractio und positivem Gefühl zu unterscheiden.

d)   Die Attractio ist kontingent: Sie gehört nicht notwendig zu Körperempfindungen, Sinnesempfindungen, Gedanken und Vorstellungen. Sie kann von solchen Erlebenskategorien ausgelöst werden oder sich im Erleben mit ihnen verbinden. Doch gibt es hier keine richtige Verbindung im Sinne von „notwendig" – also logisch oder mathematisch notwendig oder in der Weise, wie es notwendig zum Begriff des Dreiecks gehört, dass diese geometrische Form drei winkelig untereinander verbundene Grade besitzen muss. Gefühle sind allenfalls zweckmäßig, z.B. für die Gesundheit, den Lebenserhalt, die Fortpflanzung oder wünschenswert, in dem sie andere Werterfahrungen ermöglichen. Die Kontingenz der Attractio begründet unter anderem die Forderung nach Toleranz (man kann niemanden darauf „verpflichten", Attractio zu erfahren).

e)   Die Attractio benötigt, um erlebt zu werden, keine gedankliche Interpretation, kein intellektuelles Verständnis. Dies ist nur nötig bei Gefühlen, die ohne gedankliches Erfassen nicht erlebt werden können, z.B. Lebenssinn, Optimismus – aber z.b. nicht bei Gefühlen, die Empfindungen zugeordnet sind, z.b. Gefühl der Wärme (das Gefühl der Wärme setzt sich zusammen aus der Empfindung der Wärme und dem kontingenten Attractio = „positives Gefühl" , bzw. auch Aversio = „negatives Gefühl").

f)   Die Attractio zeigt sich sowohl im Gefühl selbst wie auch in Emotionen, Stimmungen, Affekten, Leidenschaften, Wünschen, Wertgefühlen und ist in allen diesen Erfahrungskategorien letztlich identisch, notwendig und wesentlich. Neugier, Erstaunen, Faszination, Interesse können genauso über die Attractio und mit ihm erlebt werden und stellen ein wesentliches, wenn nicht sogar unentbehrliches Moment in ihnen dar.

g)   Die Attractio begründet alle Wert- und Sinnerfahrungen. Ohne die Attractio sind keine Werterfahrungen möglich (außer durch die Verminderung von Aversio). Nur gedanklich erfasste Werten (z.B. Werten als Mittel) fehlt das Wertmoment der Letztbegründung durch die Positivität des Fühlens. Da sowohl Sinnesempfindungen, Gedanken, Vorstellungen und Körperempfindungen, aber auch Neugier, Erstaunen, Faszination, Interesse für sich allein betrachtet wertfrei und eben nur das sind, was sie ihrer Qualität nach darstellen, benötigen sie, um als Wert erlebt zu werden, letztlich die Gefühlsauszeichnung der Attractio. Werte als Mittel müssen, um letztlich Werte genannt werden zu können, immer zur Wertauszeichnung der Attractio hinführen. Andernfalls handelt es sich um bloßes Wertmeinen, um Wertideen, ja im schlimmsten Fall um leeres „Wertgerede". Dass nur die Attractio (bzw. die Vermeidung von Aversio) Werte begründen kann, liegt am unendlichen Regress des Weiterfragens: Bei Sinnesempfindungen, Gedanken, Vorstellungen, Körperempfindungen, Neugier, Erstaunen, Faszination, Interesse können wir immer weiter fragen, wozu etwas gut ist und inwiefern es sich um einen Wert handelt. Die Attractio zeigt ihren Wert in Evidenz (vergl. a), so wie ein grünes Blatt als Wahrnehmung sein Farbquale aus sich selbst heraus darstellt.

Die Kontingenz der Attractio macht unsere Werturteile in vielen Bereichen relativ und subjektiv.

Weil die Attractio z.B. in der ästhetischen Werterfahrung kontingent ist, also nicht allgemeingültig, sondern lediglich subjektiv und faktisch, kann auch das ästhetische Werturteil weder objektiv noch allgemeingültig sein.

Ist es im Einzelfall doch allgemeingültig, dann nicht, weil die Attractio objektiv ist, sondern weil zufällig alle Individuen, aus welchen Gründen auch immer, die gleiche Attractio-Erfahrung haben. Was Werterfahrungen ausmacht, ist die subjektive Komponente. Deshalb beruhen so viele Werturteile auf dem naturalistischen Fehlschluss.

h) Die *Attractio* ist oft ganz deutlich, z.B. beim Hochgefühl, in der Lust, im Glück, beim Orgasmus, meist aber eher subtil und unmerklich. Sie tritt überwiegend als „Einfärbung" der Wahrnehmung auf. Wir nehmen die Wirklichkeit durch eine subtile, ständig wechselnde Gefühlsbrille wahr. Diese Einfärbung prägt der Erfahrung ihr Wertprofil auf. Auf solche Weise wird oft der „Anschein der Objektivität" erzeugt, der dann z.B. bei ästhetischen Werten dazu führt, dass wir fälschlich die Allgemeingültigkeit unseres Werterlebens behaupten. Unser Nervensystem reagiert geradezu seismographisch genau auf die Attractio, obwohl uns ihr Wirken oft nicht bewusst wird. Ein großer Teil der Aktivitäten unseres Organismus besteht darin, eine Fühlsphäre herzustellen, in der die Attractio dominiert.

126

i) Verbindet sich die Attractio mit andere Wahrnehmungen, dann geht sie oft eine qualitative Synthese ein aus den Gegenstands- und Gefühlsqualitäten. Beispiel: Ein Gesicht, dem man eher das Prädikat hässlich zuordnen würde, wird durch die Einfärbung der Attractio „sympathisch". Diese neue Qualität ist also eine „Ganzheitsqualität". Daraus wird ersichtlich, dass ästhetische Werterfahrungen weder ganz subjektiv („am Subjekt erscheinend") noch ganz objektiv („am Objekt erscheinend") sind. Als unentbehrliches Moment für die Bildung einer Werterfahrung muss jedoch die Attractio angesehen werden.

j) Da es noch keinen Begriff für diese Synthese gibt, werden wir das positive Erlebnis-Quale im Folgenden als „Qualitas-Attractio" (von Lateinisch quālitās – „Eigenschaft") und das negative Erlebnis-Quale als Synthese von Eigenschaften und Aversio als „Qualitas-Aversio" bezeichnen (alle Formen als Neutrum, gewissermaßen, um den neutralen – also überall möglichen Status des Phänomens zu verdeutlichen)

k) Was für die Attractio gilt, gilt mit dem Unterschied,

1) dass es sich eben nicht um angenehme sondern unangenehme, schmerzliche Gefühlstönungen und damit um negative Erfahrungen handelt, auch für die *Aversio*.

2) Die Aversio ist (zumindest hypothetisch) verursacht, auch wenn wir seine jeweilige Ursache nicht immer eindeutig ausmachen können.

3) Die Aversio ist genauso eine Erlebniskategorie *sui generis*, d.h. grundsätzlich verschieden von Körperempfindungen, Sinnesempfindungen, Gedanken und Vorstellungen und Wollenserfahrungen und Wertungen, kann sich jedoch mit allen anderen Erfahrungen verbinden. Auch die Aversio ist also so etwas wie *„der reine Begriffskern"*, das, was in allen negativen Erlebnissen als identisch und unentbehrlich an-

gesehen werden muss. Wir haben demnach bereits negative Gefühle, wenn wir Aversio erleben, aber meist tritt die Aversio in der Verbindung mit anderen Erlebenskategorien auf. Deshalb ist es sinnvoll, zwischen Aversio und negativem Gefühl zu unterscheiden.

4) Die Aversio ist kontingent und kann z.B. durch die Attractio abgelöst werden.

5) Auch bei der *Aversio* ist die gedankliche Komponente nur eine mögliche Variante (vergl. Abschnitt e) Attractio).

6) Die Aversio zeigt sich wie die Attractio sowohl im Gefühl selbst wie auch in Emotionen, Stimmungen, Affekten, Leidenschaften, Wünschen, Wertgefühlen und ist in allen diesen Erfahrungskategorien letztlich identisch, notwendig und wesentlich. Auch Ekel, Abneigung, Widerwille, Sorge, Entsetzen, Desinteresse, Langeweile werden über die Attractio erlebt und stellen ein unentbehrliches Wesensmoment dar.

7) Die Aversio begründet alle Unwerterfahrungen. Ohne die Aversio ist kein Leiden, keine Unzufriedenheit, keine Depression, kein Schmerz möglich. Da sowohl Sinnesempfindungen, Gedanken, Vorstellungen und Körperempfindungen für sich allein betrachtet wertfrei und eben nur das sind, was sie ihrer Qualität nach von sich aus darstellen, benötigen sie, um als Unwert erlebt zu werden, letztlich die Gefühlsauszeichnung der Aversio.

Unwerte als Mittel müssen, um letztlich Unwerte genannt werden zu können, immer zur Unwertauszeichnung der Aversio hinführen. Andernfalls handelt es sich um bloßes Wertmeinen, um leere Wertideen, ja im schlimmsten Fall um bloßes „Wertgerede". Dass nur die Aversio Unwerte begründen kann, liegt wie bei der Attractio am unendlichen Regress des Hinterfragens: Bei Sinnesempfindungen, Gedanken, Vorstellungen, Körperempfindungen können wir immer weiter fragen, warum etwas nicht gut ist und inwiefern es einen Unwert darstellt. Die Aversio zeigt seinen Unwert in unmittelbarer Evidenz (vergl. a) Attractio), so wie ein grünes Blatt als Wahrnehmung sein Farbquale aus sich selbst heraus darstellt.

Wie bei der Attractio begründet auch bei der Aversio die Kontingenz der Gefühlsauszeichnung, dass Werturteile nie objektiv und nur dann allgemeingültig sind, wenn zufällig alle (aus welchen Gründen auch immer – Mode, Gewohnheit, genetische Disposition, Erziehung) dieselbe Aversio-Erfahrung haben. Kontingent bedeutet: nicht wesensmäßig, nicht logisch notwendig, nur faktisch („notwendig" nur, insofern es Ursachen für die Aversio gibt). Negative Werturteile, die auf der Aversio beruhen, begründen daher wegen des naturalistischen Fehlschlusses oft nur scheinbar allgemeingültige Aussagen.

8) Die Aversio ist wie die Attractio je nachdem ganz deutlich, z.B. beim Ekel, in der Angst, in der Wut, im Ärger, oft aber auch nur subtil und unmerklich. Auch die Aversio tritt überwiegend als „Einfärbung" der Wahrnehmung auf. Wir nehmen die Wirklichkeit durch eine subtile, ständig wechselnde Gefühlsbrille wahr. Diese negative Einfärbung prägt der Erfahrung ihr „Unwertprofil" auf. Auf solche Weise wird oft der „Anschein der Objektivität" erzeugt, der dann z.B. bei ästhetischen Werten dazu führt, dass wir fälschlich die Allgemeingültigkeit unseres negativen Werterlebens behaupten. Unser Bewusstsein/Nervensystem/Gehirn reagiert geradezu seismographisch genau auf die Aversio, obwohl es uns sein Wirken oft nicht bewusst wird. Ein großer Teil der Aktivitäten unseres Organismus besteht darin, eine Fühlsphäre herzustellen, in der die Aversio vermieden oder zum Verschwinden gebracht wird

9) Verbindet sich die Aversio mit anderen Wahrnehmungen, dann geht sie wie bei der Attractio oft eine qualitative Synthese ein aus den Gegenstands- und Gefühlsqualitäten, die wir, wie oben angesprochen, zukünftig als *„Qualitas-Aversio"* bezeichnen werden.

Beispiel: Ein Gesicht, dem man eher das Prädikat schön zuordnen würde, wird durch die Einfärbung der Aversio „unnahbar", „kalt" oder „unsympathisch". Diese neue Qualität *Qualitas-Aversio* ist mehr als seine Teile, also eine „Ganzheitsqualität". Daraus wird ersichtlich, dass auch ästhetische Unwerterfahrungen weder ganz subjektiv („am Subjekt erscheinend") noch ganz objektiv („am Objekt erscheinend") sind. Als unentbehrliches Moment für die Bildung einer Unwerterfahrung muss jedoch die Aversio angesehen werden.

Sekundär an positiven und negativen Gefühlen und damit bloß mögliche Bestimmungsmerkmale sind alle nicht *sui generis* als angenehm oder unangenehm erscheinenden Faktoren. Erregung und Beruhigung, Spannung und Lösung, wie sie W. Wundt bei der Definition des Gefühls anführt, mögen in Gefühlen vorkommen oder nicht: Relevant in unserer Erfahrung werden sie immer erst mit der Tönung der Wahrnehmung durch das negative oder positive Gefühl, also durch Aversio und Attractio.

Beruhigung, die nicht mit einer angenehmen Gefühlstönung verbunden erlebt wird, ist nichts weiter als der Wechsel zu gefühlsneutraler Ruhe. Beim Wechsel von der Erregung zur Beruhigung, der mehr ist als die Veränderung von der Aktivität zur Ruhe, muss mindestens das Nachlassen eines unangenehmen Gefühls wahrgenommen werden, damit es sich um echte Beruhigung handelt. Auch Lösung bedeutet uns wenig, wenn sie nicht angenehm ist oder ein unangenehmes Gefühl ablöst. Und Spannung kann sowohl als angenehm wie unangenehm empfunden werden.

Die gleiche Körperspannung kann also als angenehm oder unangenehm erlebt werden, weil Attractio und Aversio kontingent sind. Das gleiche Gefühl der Wärme kann als angenehm oder unangenehm erlebt werden. Der gleiche Gedanke, z.B. eine Erinnerung, kann als angenehm oder unangenehm erlebt werden. Das gleiche Geschmackserlebnis kann als angenehm oder unangenehm erlebt werden. Und in der Erfahrung erleben wird diesen Wechsel auch ständig: Das gleiche Musikstück, hundert oder tausendmal gehört, verändert seinen Gefühlscharakter. Was vorher durch die Attractio als faszinierend erlebt wurde, wird jetzt vielleicht durch die Aversio zur Qual, weil das Gefühl nicht notwendig zum Objekt, in diesem Fall dem Musikstück gehört.

Der entscheidende Faktor, um es noch einmal zu wiederholen, erweist sich bei genügender Introspektion, Unterscheidung und Vergleich also immer als das Angenehm- und Unangenehmsein Erst mit dieser Definition ist es möglich, exakter zu definieren, was Emotionale Intelligenz genannt werden sollte und daraus Methoden der praktischen Umsetzung abzuleiten.

Wenn die Attractio diejenige Komponente in unseren Erfahrungen ist, die allein Werterfahrungen begründen kann, dann ist demgegenüber die Aversio derjenige Faktor, der allein Leiden konstituieren kann. Ohne Aversio keine (echten) Probleme. Probleme, die (letztlich) nicht auf der Erfahrung der Aversio beruhen, sind nur gedacht, nur vermeintlich Probleme. Es handelt sich lediglich um Scheinprobleme. Ein Problem, das nicht „wehtut" mag mich gedanklich beschäftigen, aber es ein nur gedachter Unwert. Es prognostiziert bestenfalls künftige emotionale Probleme.

Aber oft erzeugt es auch negative emotionale Symptome

durch selbsterfüllende Prophezeiung oder weil das negative Gefühl erst „auf dem Rücken" des nur gedachten Problems erscheint. Beispiel: Wenn ich denke: „Es lohnt sich nicht, zu leben", dann muss dies keineswegs schon eine realistische Einschätzung meiner tatsächlichen Gefühle in der Zukunft sein (sie ist es auch schwerlich), sondern das negative Gefühl erscheint erst durch meinen negativen Gedanken. Dann ist das unberechtigte, weil voreilige Urteil der Verursacher der Negativität. Beschäftigt mich solche Gedanken trotzdem als „Problembewusstsein" weiter, dann tendieren sie dahin, zu Zwangsvorstellungen zu werden. Die Antwort auf unsere oben gestellten Fragen lautet also:

– Die wesentlichen und unentbehrlichen Merkmale des Gefühls sind Attractio und Aversio.

– Die wesentlichen und unentbehrlichen Merkmale der Emotion sind Attractio und Aversio.
– Die wesentlichen und unentbehrlichen Merkmale der Stimmung sind Attractio und Aversio.

– Die wesentlichen und unentbehrlichen Merkmale des Affekts sind Attractio und Aversio.

– Die wesentlichen und unentbehrlichen Merkmale unserer Wert- und Sinnerfahrungen sind Attractio und Aversio.

Gefühl und Emotion unterscheiden sich dabei vor allem darin, das deutliche Körpervorgänge ausgelöst werden. Erröten, Herzklopfen, Hitzeanwallung, Spannungsgefühle wie auch die mögliche gedankliche Komponente („Interpretation" der Situation) können dann wiederum durch Attractio und Aversio ausgezeichnet sein. Die Stärke dieser Symptome entscheidet über die Stärke der Emotion. Gefühl und Emotion sind im Kern identisch. Emotionen sind „stärkere" Gefühle.

Stimmungen sind durchgängige Gefühle in Form von Attractio oder Aversio, entweder ohne Beimischung von Bedeutungserfahrung (wenn wir z.B. nicht wissen, warum wir gut oder schlecht gelaunt sind) oder auch mit Bedeutungen (z.B. Trauer), die unsere Erfahrungen wie ein Fluidum durchweben. Wir sehen die Wirklichkeit durch eine mehr oder weniger kontinuierliche, bzw. intermittierende „Gefühlsbrille".

Affekte sind Emotionen, also starke, von deutlichen Empfindungen begleitete Gefühle – entweder als Attractio oder als Aversio – mit Handlungsintentionen, in denen die Kontrolle über das eigene Handeln verloren zu gehen droht.

Werterfahrungen und Sinnerfahrungen sind Wert- und Unwerterlebnisse auf Grund von Wertfühlen durch Attractio oder Aversio.

Wert, Sinn und „Wertvollsein" unserer Erfahrungen

Die theoretische Begründung von Werten hat eine lange Tradition, so in der antiken Philosophie vor allem unter dem Begriff des „Guten". Das Gute ist für Plato das, was jede Seele anstrebt und weswegen sie alles tut, wenn auch oft in Verkennung des wahren Guten. Bei Aristoteles ist das Gute ebenfalls das, wonach alles strebt. Und es ist das, was keines weiteren mehr bedarf, was sich selbst genügt. „Jedes praktisches Können und jede wissenschaftliche Untersuchung, ebenso alles Handeln und Wählen strebt nach einem Gut, wie allgemein angenommen wird. Daher die richtige Bestimmung von 'Gut' als 'das Ziel, zu dem alles hinstrebt'."[22]
  Eudämonismus, Hedonismus und Utilitarismus gelten als klassische Theorien des Glücklichseins. Der Eudämonismus zielt auf das menschliche Glück. Der Hedonismus favori-

133

siert die Lust. Der Utilitarismus stellt das Nützlichsein in den Mittelpunkt seiner Lehre.

Allen drei Richtungen ist gemeinsam, dass sie letztlich das Glück anstreben; wobei der Begriff des Glücks meist mehr oder weniger vage bleibt.[23] Dabei versucht man, indem moralische Regeln einbezogen werden, das *Wertvollsein* zu erklären und Wege zu beschreiben, wie es zu erreichen ist. Auch wenn das Wertvollsein als philosophische oder „ontologische" Kategorie nicht explizit so genannt wird, versuchen ihre Begriffe „Glück", „Lust" und „Nützlichkeit" Beschreibungen genau jenes Wertmoments, das unsere Erfahrungswirklichkeit über die bloß wertneutralen Eigenschaften hinaus zu Werterfahrungen macht.

Die Beantwortung der Frage nach dem genauen Charakter des Wertvollseins ist vermutlich das größte Versäumnis der abendländischen Philosophie. Glaubte Aristoteles noch, als philosophische Grundfrage ansehen zu müssen: „Warum überhaupt etwas ist und nicht vielmehr nichts", meinte Heidegger in der Gegenwart die Frage nach dem „Sinn von Sein" charakterisiere am treffendsten, worum es in der Philosophie gehe, dann lag zweifellos Camus näher bei dem, was uns aus wohlverstandenem Eigeninteresse am ehesten interessieren sollte: „Die Entscheidung, ob das Leben sich lohne oder nicht, beantwortet die Grundfrage der Philosophie". Und wird diese Frage nicht einfach nur aus dem Bauch heraus entschieden, dann benötigen wir dazu eine klare Auffassung des Wertvollseins.

Allerdings konnte keine der klassischen Theorien die Kritiker so weit zufrieden stellen, dass heutzutage eine einheitliche Werttheorie existierte.

Das explizite Streben nach Glück im Eudämonismus gilt vielen als unerfüllbares, wenn nicht sogar versponnenes Ideal in einer Welt, die durch materielle Interessen, durch

Ellbogenkapitalismus, Kriminalität, Gewalt und Kriege und psychische Konflikte beherrscht wird.

Handeln wir nicht viel eher auf Dinge, Objekte, Verhältnisse – kurz auf „Güter" hin als auf Gefühle, wie der Philosoph Max Scheler argumentiert?

So ist es nicht verwunderlich, dass die Gesellschaft – wenn auch meist unausgesprochen – eher zur Nützlichkeitstheorie des Utilitarismus neigt. Diese Auffassung liegt dem Menschen schon wegen seiner naturalistischen, auf die Außenwelt gerichteten Einstellung näher. Dabei werden vor allem Besitz und Geld, Status, Ruhm und Macht angestrebt, die dann allerdings so lange bloße Werte als Mittel bleiben, wie sie nicht zu positiven emotionalen Erfahrungen führen.

Am ehesten vermag emotionale Erfahrungen bei einer solchen Grundhaltung noch der Konsum zu vermitteln: in Form des Genusses, des Vergnügens und der Unterhaltung. Das Ergebnis einer überwiegend auf Werte als Mittel orientierten Haltung ist jedoch ein Zustand mehr oder weniger großer Selbstentfremdung und Desorientiertheit.

Typisches Beispiel ist der „unglückliche Reiche". Nicht, dass Geld von vornherein unglücklich macht: Geld kann das Leben leichter, schöner, angenehmer, interessanter, spannender, unterhaltsamer und sicherer machen. Aber Geld ist eben doch nur ein Mittel, und dieses Mittel muss zu positiven emotionalen Erfahrungen, eben der Attractio, oder der Verminderung und Vermeidung der Aversio führen. Der Wert des Geldes bleibt oft nur illusionär oder ist nichts weiter als eine unerfüllte Hoffnung, wenn die Antwort des Gefühls ausbleibt.

Moderne Wertbegründungen kommen daher an der Tatsache nicht vorbei, dass das, was letztlich das Wertvollsein in unseren Erfahrungen begründet, immer nur die Attractio bzw. die Vermeidung oder Verminderung der Aversio sein kann. Hinsichtlich der Sinnfrage gilt gegenwärtig: „Für die einen ist die Frage nach dem Sinn des Lebens schlicht sinnlos; andere meinen, dass das jeder nur allein mit sich abmachen kann; viele bevorzugen die Angebote von Religionen und Weltanschauungen", so der Philosoph Christian Thies.

Wie beim Wert, so lässt sich inzwischen klarer als bisher zeigen, dass „Sinn" auch nur eine gedanklich erfasste Variante von „Wert" ist. Sinn muss über Gefühle, über die Attraktivität der Attractio und die Negativität der Aversio erlebt werden. Sinn und Wert können nicht lediglich gedacht werden (in der Weise des so genannten „idealen Ansichseins"), wie noch die Wertphilosophie M. Schelers und N. Hartmanns annahm.[24]

Im Alltag sind wir meist naive Wertrealisten. Wenn wir über Gefühle sprechen, pflegen wir oft zu sagen, wir hätten das Gefühl weil das und das gegeben sei – als sei dann aus der sachlichen Begründung auch die Existenz des Wertvollseins zu erklären. Dies ist falsch, es ist nur insofern richtig, als das, was wir als Grund angeben, möglicherweise tatsächlich die Ursache des Gefühls ist, aber eben keine zwangläufige Ursache.

Wir fragen: Was ist der Reiz an einem Ding, einer Tätigkeit, einem Verhalten? Und schon in der Fragestellung steckt das Missverständnis, die Sache selbst sei das, was eine Wertqualität habe. Aber das Wertvollsein ist immer nur die Attractio bzw. seine qualitativ neue Verbindung mit der Sache, so wie sie sich jeweils in der individuellen Erfahrung zeigt.

Wir sagen zum Beispiel, wir fänden ein Spiel attraktiv, weil wir dabei selbst aktiv werden können und nicht nur rezipieren. Und dies suggeriert, das Selbst-aktiv-Werden sei ein Attractio, aber es führt nur ein Attractio mit sich oder ruft es hervor, je nachdem. Wir sagen ein Bild sei deswegen schöner oder interessanter für uns, weil es abstrakt sei oder umgekehrt gegenständlich – so als sei dann das Gegenständlichsein oder Abstraktsein etwas, dass die Attractio schon wesensmäßig, also notwendig mit sich führe. In Wirklichkeit aber ist die Attractio nur kontingent. Wir sagen, diese Gesellschaft sei für und wertvoller, fortschrittlicher, weil sie demokratisch sei, so als führe das Demokratischsein seinen Wert schon notwendig mit sich. Aber Demokratie ist entweder ein gefühlter Wert oder/und ein Wert als Mittel – und in beiden Fällen zeigt sich der Wert nur auf Grund der tatsächlichen, aber eben kontingenten Erfahrung der Attractio, bzw. in der Vermeidung der Aversio. Das genauere Verständnis von Attractio und Aversio ist also von entscheidender Bedeutung für das Selbstverständnis des Menschen, weil unsere Konflikte oft Kontroversen hinsichtlich des allgemeingültigen Charakters einer Wertaussage sind. Es stellt richtig verstanden eine kopernikanische Wende im Weltbild dar. Denn wir führen Kriege, missionieren, beuten aus und unterdrücken im Namen der Allgemeingültigkeit von Werten.

So wie es erst mit der Einsicht in die Funktion der Attractio möglich wird, zu verstehen, warum wir tolerant sein und den Wertpluralismus akzeptieren sollten, so gilt auch umgekehrt für die Aversio: Wir glauben, etwas sei nur auf Grund der Sache ein Anlass zum Leiden. Tatsächlich aber wird das Leiden nicht zum Leiden durch die Sache – diese ist vielmehr nur mögliche Ursache –, sondern wegen die Gefühlsauszeichnung des Erlebten durch die Aversio.

Wir haben eine Pechsträhne – und dieses Geschehen ist nicht bereits ein Unwert als Sache, bzw. das negative Werturteil ist nicht schon an sich der intellektuell erfasste Unwert. Sondern das Geschehen wird erst dadurch zum Leiden, dass es auch über Gefühle erlebt wird. Fehlt hier die kontingente Komponente der Aversio (so wie umgekehrt beim positiven Erlebnis die kontingente Komponente der

Attractio erlebt wird, damit wir Positivität erfahren), dann leiden wir auch nicht.

Mit der Einsicht in die Funktion der Aversio eröffnen sich außerordentliche neue Therapieansätze und Möglichen zur Selbsthilfe. Denn haben wir erst einmal generalisiert, ist uns klar geworden, dass in allen Wert- und Unwerterfahrungen dasselbe Prinzip wirksam ist, dann können wir auch gezielter daran gehen, Gefühle nach unseren Vorstellungen zu verändern.

Das Ziel Emotionaler Intelligenz

Sind diese Voraussetzungen geklärt, dann wird deutlich, worin Emotionale Intelligenz besteht: nämlich in der Optimierung der Erfahrung von Attractio und der Vermeidung von Erfahrungen der Aversio.

Konflikte lassen sich leichter lösen, Probleme eher beseitigen, Wünsche leichter erfüllen, wenn wir dieser mentalen Seite unseres Lebens gebührende Beachtung schenken – vor allem aber, wenn wir sie wirklich in angemessener Weise verstanden haben.

Denn Emotionale Intelligenz und Klugheit betrifft alle Bereiche des Lebens: Identitätsfindung in der Arbeitswelt wie im Privatleben, unsere Motivationen, Probleme mit dem Alter, sexuelle Affekte und Abhängigkeiten, Kooperation mit dem anderen, Sinnleere und Depression, Nihilismus und Zynismus, Eheprobleme, Lernschwierigkeiten, traumatische Erlebnisse, vor allem aber auch unsere allgegenwärtigen *Bewertungskonflikte* in der Gesellschaft, die zu endlich viel Konfrontation, Gewalt, Ausbeutung und Unterdrückung führen.

Vor allem auch bereits in der Kindererziehung wäre ein kindgemäßes Wissen um die Besonderheiten der Aversio von entscheidender Bedeutung.

Zu wissen, dass das, was wehtut, ein von anderen Dingen Verschiedenes ist, zu wissen, dass das, was anziehend ist, ein von anderen Dingen Verschiedenes ist, über das der andere nicht oder in geringerem Maße verfügt und dass bei einem selbst fehlen oder sich verändern kann und dass dabei in all seiner Wandelbarkeit und Unwägbarkeit doch letztlich das ist, was allein das Lebens wünschenswert und begehrenswert macht – diese Grunderkenntnisse vermögen ein Leben bereits in seiner prägenden Phase in realistischere Bahnen zu lenken und begründen Verständnis und Toleranz gegenüber den Bedürfnissen anderer. Was uns als Erwachsenen fehlt, das fehlt uns auch als Kind.

Der allgemeine Sinn des Lebens kann dabei nie in solchen partikularen Zielen wie der Fortpflanzung, der Lebenssicherung, der Arbeit, dem Wohlstand, der Gesundheit, der Bildung und Erweiterung des Wissens, der Entwicklung oder der „Evolution" gesehen werden, wie man oft hört – und zwar deshalb nicht, weil diese Werte keine allgemeingültige Wertevidenz besitzen. Vielmehr handelt es sich dabei immer nur kontingente, subjektive, nur vermeintlich allgemeingültige Wertevidenz für den jeweiligen Menschen in seiner Individualität.

Eine allgemeingültige Aussage über Lebenssinn kann jedoch niemals zufällige und individuelle Wertmomente betreffen, sondern eben immer nur allgemeine.

Und das allgemeine Wertmoment ist nun einmal die Attractio, das allgemeine Unwertmoment ist die Aversio.[25]

Subjektive Wertevidenz dagegen beruht immer auf kontingenten Gefühlsauszeichnungen – allerdings auch hier wieder durch Attractio und Aversio -, über die andere so nicht verfügen, oder aber es beruht auf logischer und analytischer Scheinplausibilität. (Beispiel: Der Philosoph Immanuel Kant glaubte schließen zu können, dass sich die Wanzen in seinem Zimmer vermehrten, wenn die Sonne her-

einschien; deshalb hielt er sein Fenster geschlossen. Bekanntlich verhält es sich genau umgekehrt.)

Um die Optimierung der Attractio und der Vermeidung
der Aversio zu erreichen, setzen wir, bewusst oder auch intuitiv, die verschiedensten Mittel ein. Emotional intelligen-
ter sind jeweils die Methoden, die zu mehr Attractio und
weniger Aversio führen. „Mehr" kann hier sowohl qualitativ wie quantitativ verstanden werden. Zwar ist es in vielen
Fällen schwierig, das emotionale Quale, wie es sich im
Attractio und Aversio zeigt, zu vergleichen oder gar zu
quantifizieren. Vergleichbarkeit ist oft nur grob gegeben.
Anderseits liegen wir oft mit unseren Wertintuitionen richtig. Dass der Zweite Weltkrieg mehr Leiden verursacht hat
als alternativ Frieden, dass Krankheiten, Folter, Hunger, Gewalttätigkeit, Beleidigung, Unfreundlichkeit emotional weniger erstrebenswert sind als ihr Gegenteil, liegt hinsichtlich
ihrer Gewissheit auf der Hand und ist meist wenig strittig
(sieht man von psychischen Deformationen wie der Destruktivität, radikalem Egoismus oder dem Sadomaso-
chismus ab, bei der wir zwar vordergründig im eigenen
Interesse, letztlich aber gegen das eigene Interesse handeln).

Emotionale Intelligenz zeigt sich im Kontakt mit allen
Erfahrungen, die wir als Menschen machen. Dabei erleben
wir selten isolierte Gefühle, sondern qualitative Einheiten
aus Sinneserfahrungen, Gedanken, Wollenshandlungen,
Empfindungen, deren unentbehrliches Wert- und Unwertmoment aber immer in der Erfahrung der Attractio oder
Aversio besteht.

Nur Gefühle fordern hinsichtlich ihres Wert- oder Unwert-
charakters kein Hinterfragen mehr, ob das, was sich in
ihrem „Quale" (der erscheinenden Qualität) zeigt, wertvoll
und erstrebenswert ist.

Was Werterfahrungen im Wesentlichen begründet, ist also
eine qualitative Synthese im Sinne der Ganzheitspsycholo-

gie. Emotional klug ist es, solche Werterfahrungen anzustreben, weil sich nur in selbst erlebten – individuellen – Werterfahrungen Werte zeigen können.

Die Prognose ist dabei durchaus günstig. Emotionale Lebensqualität lässt sich steigern! Emotionale Intelligenz löst zwar nicht alle Lebensprobleme: Wir bleiben höchst anfällige Wesen für negatives Fühlen. Ja, vieles deutet sogar darauf hin, dass die Aversio im Leben überwiegt. Unsere Verletzlichkeiten sind Legion.

Der Veränderbarkeit der menschlichen Natur sind, zumindest im gegenwärtigen Stadium, deutliche Grenzen gesetzt. Jede scheinbare Sicherheit und Hybris kann sich im nächsten Augenblick als blauäugige Dummheit entpuppen. (Oder formulieren wir es salopper: Eine einzige Heftzwecke unter dem Kissen des Gurus bringt auch ihn schnell wieder auf den Boden der Realitäten zurück.)

Kann denn aber überhaupt aus der Existenz von Attractio und Aversio eine Empfehlung für unser Handeln, ja vielleicht sogar ein „Sollen" abgeleitet werden? Ist es für jedermann ratsam und vernünftig, „emotional klug" zu handeln?

Es war der englische Philosoph David Hume, der schon im 18. Jahrhundert das nach ihm benannte Humesche Gesetz formulierte: *Aus dem Sein folgt niemals ein Sollen.* Ausgangspunkt ist dabei der so genannte „naturalistischen Fehlschluss", der fälschlich besagt, dass die Dinge der Welt objektiv wertvoll sind. Sind sie aber in allgemeingültiger Weise wertvoll, dann leitet sich daraus auch ab, dass jedermann diese Werte verwirklichen, bzw. erfahren „sollte".

Nun sind die Dinge aber objektiv gesehen weder wertvoll noch wertlos (sieht man einmal von den Gefühlen ab). Folglich kann, da kein weiterer Grund erkennbar ist, aus ihnen auch kein Sollen abgeleitet werden. Werte – und hier vor allem moralische Werte – werden allerdings im Alltag so verstanden. Sehr oft vertreten wir unsere Wertauffassungen mit den Worten, wir sollten dies oder jenes tun, diese oder jene moralische Regel befolgen.

Du sollst nicht töten! Du sollst nicht lügen! Kants Kategorischer Imperativ „Handle so, dass die Maxime deines Willens jederzeit zugleich als Prinzip einer allgemeinen Gesetzgebung gelten könne" ist die klassische Formulierung einer solchen allgemeinsten moralischen Regel als Sollensforderung.

Wie verhält es sich aber mit den Gefühlen, denn diesen sprechen wir ja einen Wert zu? Können wir zum Beispiel eine Lust, die sich als Lust zeigt, nicht wollen? Vorausgesetzt, es sprechen keine guten anderweitigen Gründe dafür, sie abzuweisen? Und falls wir sie wollen – dies gilt übrigens auch für alle anderen positiven Gefühle -, *sollen* wir sie dann auch erleben? Anders ausgedrückt: Gehören Wollen und Sollen bei den Gefühlen notwendig zusammen?

Die Antwort lautete: Es steht uns frei, auf unsere Lust zu verzichten. Zumindest verstehen wir uns gemeinhin so. Wir sagen zwar manchmal: „Ich konnte nicht widerstehen." Doch meist ist damit lediglich gemeint: Die Lust war so verlockend, dass wir ihr nicht widerstehen *wollten*. Was bedeutet das für unsere Erfahrung positiver Gefühle?

Aus dem Sein folgt niemals ein Sollen – auch beim Wert der Gefühle ist Hume Recht zu geben. Die Attraktivität positiver Gefühle ist aber nun einmal das, was sie ist: attraktiv, anziehend, lustvoll, verlockend, genussvoll usw. – also angenehm im weitesten Sinne. Sprechen keine Gründe dagegen, die diese Attraktivität einschränken und relativieren, dann folgen wir der Attractio meist ganz spontan, oft unbewusst und automatisch. Man könnte auch sagen: Unser normales Verhalten hinsichtlich der Attractio sei so etwas wie eine „Abstimmung mit den Füßen".

Auch die Befunde der Hirnphysiologie und Neurophy-

142

siologie bestätigen: Unser Nervensystem ist auf das Erlebnis der Attractio und die Vermeidung der Aversio programmiert. Neutralität des Fühlens droht schnell, in Langeweile, Sinnleere und Unzufriedenheit umzuschlagen. Das gelangweilte Kind und der gelangweilte Millionär sind dabei gleichermaßen gefährlich in ihrer Frustration, in zynischen, gewalttätigen und anderen destruktiven Verhaltensweisen, um den quälenden Zustand der Aversio zu beenden.

Alkohol und Drogen (auch schon das „gute Glas Wein"), Essen und Sex, Vergnügen und Unterhaltung, Sport, Sammlerleidenschaft, Perversion und Tabubruch genauso wie Kunst und Wissenschaft, Musik, Philosophie und Literatur sind daher nicht nur Werte als Mittel zu etwas anderem, sondern vielmehr (oft unbewusste) Strategien zur Vermeidung der Aversio.

Dies führt uns zu der Hypothese, dass wir die Attraktivität der Gefühle erleben wollen, wenn wir die Möglichkeit dazu haben. Und aus diesem Wollen leitet sich dann so etwas wie ein „Quasi-Sollen" ab, eine Empfehlung. Wir sollen das, was wir wollen, wenn keine anderen Gründe dagegen sprechen.

Dabei handelt es sich im Unterschied zum kategorischen Sollen der alten Moralforderungen lediglich um einen Appell, denn seine Verwirklichung wird weiterhin der Freiheit des Einzelnen überlassen, dem wir mit unserer Empfehlung helfen und nutzen wollen. Anders ausgedrückt: Es ist gerechtfertigt, jemanden zu einer Handlung zu veranlassen, wenn wir annehmen, dass er dies schätzen und gutheißen wird. Nur so lässt sich in der Theorie der Emotionalen Intelligenz das Sollen verstehen.

Aus diesen Grundeinsichten Emotionaler Intelligenz und Klugheit lassen sich nun Strategien ableiten, wie positives Fühlen vermehrt und negatives Fühlen vermindert werden kann. Dabei zeigt sich, dass die Wahrscheinlichkeit, positive Erfahrungen zu machen, bei kooperierendem Handeln größer ist als bei egoistischem Handeln. Diese Regel gilt allerdings nicht absolut, sondern nur der Tendenz nach, progressiv.

Vorhersagbarkeit positiver Erfahrungen

Bei vielen Handlungen ist die Vorhersage von Attractio und Aversio nur hypothetisch, also nicht in wünschenswertem Maße möglich. Der Grund für die oft fehlende Vorhersagbarkeit positiven Fühlens als Ziel des Handelns liegt im Wesentlichen in der Kontingenz der Gefühle. Kontingent bedeutet, dass Gefühle nicht notwendig mit Objekten zusammengehen. Ihr Zusammengehen mag Gründe haben, aber die Zuordnung von Attractio oder Aversio und Objekt ist nicht „richtig", sondern nur faktisch. Beispiel: Mir mag ein Sonnenuntergang (= Objekt) gefallen (= Attractio), mein Nachbarn hat zwar dieselbe Wahrnehmung, erlebt aber keine Attractio, sondern womöglich sogar Aversio, vielleicht, weil er gerade schlechte Laune hat.

Deshalb wissen wir oft nicht hinreichend sicher, ob unsere Handlungen tatsächlich zu positiven Gefühlen führen. Individuelle Gefühle wechseln. Verschiedene Individuen haben unterschiedlich Gefühle. Privates Handeln genauso wie Handeln in der Politik, Kunst, Wissenschaft und Erziehung ist daher bezogen auf das eigentliche Ziel des Handeln immer hypothetisch. In vielen Lebensbereichen ist die Wahrscheinlichkeit, positives Fühlen hervorzurufen, jedoch ausreichen groß. Wir wissen, wie wir emotional auf Stress, auf Hunger, auf Kälte oder Hitze reagieren.

Handeln wir innerhalb des emotionalen Systems, in dem wir uns mit den anderen Menschen befinden, kooperativ, legen wir Wert darauf, dass auch andere Werte erfahren, dann ist die Tendenz stärker und die Wahrscheinlichkeit größer, dass wir an der Positivität des Systems partizipieren, als wenn wir egoistisch und gleichgültig handeln. Aber auch hier ist der zu erwartende Nutzen nur wahrscheinlicher und nicht absolut zu verstehen.

Der Wert moralischen Handelns ist somit in gewissem Maße hypothetisch. Beispiel: Ich winke einem Bettler mit einer 50-Euro-Note, um ihm zu helfen (und darüber hinaus einen Beitrag zur Positivität des Systems zu leisten). Beim Überqueren der Straße wird er jedoch überfahren. Meine Absicht war „gut", das Ergebnis negativ.

Positivität des Fühlens durch Moral

Grundlage für diesen Gesichtspunkt ist die Hypothese, dass in dem emotionalen System, in den wir mit andere interagieren, der Tendenz und Wahrscheinlichkeit nach jene Verhaltensstrategien auch für mich eher zur Positivität des Fühlens und zur Vermeidung von Negativität führen, mit denen die Positivität des anderen gefördert wird.

Dies schließt im Einzelfall nicht aus, dass man mit egoistischem oder unmoralischem Verhalten erfolgreicher ist oder dass die positive Antwort des anderen auf unser Verhalten ausbleibt.

Die Relativität moralischer Normen, die von der Wertbegründung durch positives Fühlen abhängen, beruht auf der Kontingenz und damit auf der mangelnden Prognostizierbarkeit des Fühlens: Man kann nie ausschließen, dass jemand glücklicher damit ist, mir und der Welt Böses anzutun. Wegen der Abhängigkeit des anderen vom Fühlen anderer ist diese autonome Subjektivität des Fühlens in der Praxis jedoch meist stark eingeschränkt.

Die Geschichte zeigt, dass die Bösen oft scheitern und einen hohen Preis für ihren zu extremen Egoismus zahlen.

145

Dieser Preis betrifft das ganze Umfeld von Gefühlsantworten im menschlichen Miteinander, wie Misstrauen, Freundlichkeit, Offenheit, Wärme, Liebe, Sicherheit usw.

Diktatoren wie Saddam, Hitler, Stalin leben emotional eher an der Grenze zur Gewalttätigkeit, zum Sadismus, zur Menschenverachtung, zum Hochmut, ja zur Paranoia. Die durch ihr Verhalten provozierten Reaktionen werden auch von ihnen selbst über weite Strecken emotional negativ erlebt – eben als Angst, als Misstrauen, als Gefühlskälte, als Ruhelosigkeit, als Stress, als ständiger, überspannter Kampf.

Die Wahrscheinlichkeitshypothese, dass meine Positivität dem anderen gegenüber letztlich auch mir nützt, beruht auf dem Umstand, dass mit der Förderung der Positivität des Anderen dem ganzen System mehr Positivität zugeführt wird und daher die quantitativen Möglichkeiten wachsen, dass man selbst von dieser Positivität betroffen ist.

Die Regeln, zu vermeiden, dem anderen Aversio zuzufügen und ihm nach Möglichkeit Attractio zu ermöglichen, stellen präzisiertere Versionen der so genannten „Goldenen Regel" des Verhaltens dar. (Negative Variante: „Was du nicht willst, dass man dir tu, das füg auch keinem anderen zu." – Positive Variante; „Alles, wovon ihr wollt, dass es euch die anderen tun, solltet ihr ihnen auch tun.)

Die Goldene Regel ist dabei progressiv und nicht absolut zu verstehen wie etwa der Kategorische Imperativ Kants, d.h. ihre Effekte sind dann ansteigend, wenn viele Menschen diese Regel befolgen.

Anders gesagt: Regieren Gewalt, Diebstahl, Vergewaltigung, Lüge, Misstrauen, Egoismus, dann ist die Gefahr größer, dass man selbst darunter leidet. Verhalten wir uns dagegen moralisch, im Rahmen der Gesetze, sind wir hilfreich und wohlwollend eingestellt, dann steigt auch für je den Einzelnen die Wahrscheinlichkeit, dass er von den emotionalen Qualitäten dieser Verhaltensweisen profitiert.

Ziel jeder Bewertung im Alltag, aber auch Ziel jeder Kognitiven Therapie sollte es daher sein, Bewertungsobsessionen, die ins Leere führen, aufzuheben. Wirksame Lebensanschauung genauso wie wirksame Kognitive Therapie bleibt nicht auf der Ebene bloßen Argumentierens stecken, sondern führt zur Positivität des Fühlens oder doch wenigstens zur Verminderung negativen Fühlens.

Dabei ist offenbar jene Strategie vorzuziehen, die langfristig und *in der Summe des Lebens* das höchste quantitative und qualitative Maß an emotionaler Qualität erzeugt, auch wenn die Prognose hier oft nicht einfach und die Bemessung von Gefühlsqualitäten nicht eindeutig ist. Geistige Gesundheit kann so als Annäherung an den Idealwert höchster emotionaler Erfüllung verstanden werden.

Strategien Emotionaler Intelligenz

In den vergangenen Jahren sind auf dieser Grundlage neue Prinzipien und Techniken entwickelt worden, um Lebensqualität zu fördern.[26] Das Ziel ist dabei immer die Positivität des Fühlens und die Verminderung von Leiden. Unser allgemeiner Lebenssinn besteht in einem Höchstmaß an Erfahrung von Attractio und Verminderung von Aversio.

Wer sein Leben überwiegend durch die Attractio und in einem annehmbaren Maße frei von Aversio erlebt, stellt gewöhnlich die Sinnfrage gar nicht mehr. Diese ist vielmehr nur dann drängend, wenn zu viel Aversio erlebt wird und die Erfahrung der Attractio ausbleibt.

Schon wenn wir uns durch unser Verständnis Emotionaler Intelligenz neu „justieren" und uns durch Einsicht und Entscheidung auf ein hohes Maß an positiver Erfahrung hin orientieren, ist eine entscheidender erster Schritt

getan. Wir sind weniger desorientiert. Fehler, die aus gefühlsmäßiger Desorientierung herrühren, werden leichter
vermieden.

Für das praktische Handeln verfügen wir nun über Richtlinien und Kriterien

Übertriebene Erwartungen an die Verhältnisse werden korrigiert. Das gute Gewissen zum guten Gefühl wird gestärkt.
Die in unserer Kultur übliche Ermahnung, sich nicht von
Gefühlen leiten zu lassen und weniger emotional zu reagieren, wird richtig gestellt. Toleranz und Wertpluralismus
werden als einzig Erfolg versprechende Handlungsweisen
erkannt. Es kann nun nach Methoden gesucht werden, negative Gefühle noch gezielter zu vermindern und positive Gefühle zu fördern.

Mentale Strategien

Neben allgemeinen Richtigstellungen und einem besseren
Verständnis der „Grammatik der Gefühle" gibt es nun mit
dem so genannten „EQ-Training" zahlreiche Mentaltechniken als Hilfe zur Selbsthilfe, die zugleich hochwirksame
Therapieergänzungen darstellen, aber auch andere Thera-
pieverfahren verständlicher und effektiver machen können.

„EQ" steht hier nicht allein für „emotionaler Intelligenzquotient", sondern auch für „emotionale Lebensqualität.
Mit dem EQ-Training werden einfache, umfassend einsetzbare Methoden angeboten, die – ohne Einsatz üblicher sug-
gestiver Techniken – innere Veränderung in Richtung Kon-
fliktbewältigung und Abbau negativer Gefühle und Gedanken und Selbstmotivation bewirken.

Und zwar sowohl für das Selbststudium wie auch mit Anleitung, z.B. durch Trainer, Lehrer, Therapeuten, Ärzte.

Seine bis dahin noch nicht erreichte Effektivität bezieht dieses Mentaltraining u.a. aus der Umsetzung elementarer Prinzipien der Verhaltenstherapie in Kombination mit seit Goleman weiterentwickelten Erkenntnissen der Psychologie der Emotionalen Intelligenz.

Diese oft überraschende Wirksamkeit resultiert wie oben angedeutet aus grundsätzlichen, besser als bisher erfassten Einsichten hinsichtlich unserer Gefühle, Emotionen, Stimmungen und Werturteile, die eine innere Neuorientierung ermöglichen und Desorientiertheit und Unsicherheit beseitigen.

Laien wie auch Therapeuten können dieses einfache und dabei hoch effektive Mentaltraining im Beruf, Privatleben und in der Ausbildung jederzeit einsetzen, um sich – mit einiger Praxis oft sogar in Sekundenschnelle! – von zahlreichen hinderlichen Gefühlen wie z.B. Nervosität, Befangenheit, Unsicherheit, Lampenfieber, Impulsivität, negativen Stimmungen, Redeangst oder Angst vor Fehlern, zu befreien.

Mit denselben Methoden lässt sich unser gesamtes Fühlen in Richtung auf weniger Leiden und positive Gefühle, Entwicklung und Motivationen verändern. Dieser Prozess wird durch sehr einfache, ganz konkrete mentale Übungsanweisungen in Gang gesetzt. Durch ein neues Verständnis fundamentaler Begriffe wie „Wert", „Gefühl" und „Lebenssinn" und „Wertfühlen" wird eine existentielle Umorientierung im Sinne Emotionaler Intelligenz eingeleitet.

Es existiert bisher kein Verfahren für den Alltagsgebrauch, das ähnlich schnell Stress, Ängste und Süchte abbaut und das Nervensystem mit so wenig Aufwand auf Stressresistenz ("Stressimpfung") und leichteren und entspannteren Umgang mit Problemen einstellt.

Dazu werden unter anderem folgende Übungen eingesetzt: Scanning, Problem-Desensibilisierung, Körper-Desensibilisierung, Ja-Nein-Technik, Ja-Nein-Wunsch-Technik, Gedankensetzen, Technik des desensibilisierenden Blicks, modifiziertes Focusing, modifizierte Wortklangmeditation zur schnell erlernbaren Tiefenentspannung und als Basistechnik für Zusatztechniken.[27]

Der Dreh- und Angelpunkt der Wirksamkeit dieser Methoden liegt, wie zu erwarten, auf zwei Ebenen: der kognitiven und der emotionalen. Wir sind Opfer oder Nutznießer unserer „Gedanken" – und wir sind Opfer oder Nutznießer unserer Gefühle.

Wird eine Aversio oder Attractio als kontingent, und damit auch als subjektiv und für das eigene Leben als nicht förderlich identifiziert, dann gelingt es leichter, sich von ihm zu distanzieren, es zuzulassen, es zu desensibilisieren oder im Sinne einer paradoxen Intention (V. E. Frankl) zu verlernen oder zu neutralisieren (emotionale Ebene) – oder auch einfach seine spontane Veränderung abzuwarten.

Methodologisch gesehen wirksamster Faktor ist dabei die Fokussierung der Aufmerksamkeit auf die Aversio und Attractio, und zwar in einer entspannten, nicht bewertenden, nicht interpretierenden, nicht-vermeiden-wollenden Betrachtung – eine Haltung, die übrigens sowohl der „epoché" der Stoa wie der Husserlschen phänomenologischen Reduktion oder „Epoche" entspricht.

Letztere besteht ja darin, durch Reduktion auf das Intendierte sich den „Dingen selbst", den Phänomenen und dem Modus, in dem sie erscheinen, zuzuwenden.

Wird ein Werturteil als voreilig, als subjektiv und selbst für das eigene Werterleben nicht verifizierbar oder förderlich erkannt (kognitive Ebene), dann gelingt es leichter, sich von seinem sonst oftmals vereinnahmenden, ja zwanghaften Charakter zu befreien.

Wird die Realisierung der Attractio als der eigentliche Lebenssinn erkannt, dann gelingt es auch eher, dieses Ziel zu verwirklichen, denn damit wird – sonst bestenfalls – intuitives Verständnis durch begrifflich klare Zielvorgaben ersetzt.

Emotionale Intelligenz – Zusammenfassung:

Das Gefühl steht nach traditionellem Verständnis immer im Dienste von irgendetwas anderem: dem Erkennen, der Gesundheit, dem Überleben, der Bildung, der Fortpflanzung usw. (soweit es nicht sogar als obskur betrachtet wird, als Überschwang, als Rührseligkeit, als etwas, das man zu Gunsten der Ratio unter Kontrolle halten sollte).

Die Theorie der Emotionalen Intelligenz fragt darüber hinaus, in welchem Dienste denn Erkennen, Gesundheit, Überleben, Bildung, Fortpflanzung usw. stehen. Die Antwort ist ungewohnt und bedarf eines dezidierten Verständnisses: Was auch immer wir im Leben anstreben, steht im Dienste des Gefühls, sofern wir Wert und Sinn intendieren.

Emotionale Intelligenz zeigt sich darin, jenen Aspekt positiven Fühlens zu aktivieren, der das Gefühl attraktiv, angenehm, lustvoll macht: die so genannte Attractio (von Spätlateinisch „das Ansichziehen"). (Diese Termini sollten übrigens nicht mit Hobbes ähnlich lautenden Begriffen "appetite" und "aversion" im „Leviathan" verwechselt werden, da sie in ihren Bestimmungen weder bedeutungsgleich noch hinreichend sind.[28])

Alle Werterfahrungen beruhen auf der Erfahrung der Attractio, und zwar oft in der Synthese von Gefühls- und Gegenstandsqualitäten, in neuer Terminologie: als Wertqualität Qualitas-Attractio oder Unwertqualität als Qualitas-Aversio.

Emotionale Intelligenz besteht in einem weiteren Schritt darin, jenen Aspekt negativen Fühlens zu vermindern, der Leiden erzeugt, der schmerzhaft, unangenehm ist: das so genannte Aversio (von Lateinisch āversio – „das Sichabwenden"). Alle Unwerterfahrungen beruhen auf der Erfahrung der Aversio, und hier ebenfalls oft in der Synthese von Gefühls- und Gegenstandsqualitäten als Qualitas-Attractio oder Qualitas-Aversio.

Fragen wir, was es eigentlich genau ist, warum etwas im Leben Wert und Sinn hat, dann reicht dazu die Begründung durch Werte als Mittel (z.B. Geld, Werkzeuge, Medikamente, Verhaltensregeln, Wissen) nicht aus („naturalistischer Fehlschluss"), denn deren Wertbegründung führt zum unendlichen Regress. Werte können weder gedacht noch über die Sinne wahrgenommen werden – Werte können nur gefühlt werden. Daher müssen Werte als Mittel immer darauf hin befragt werden, wozu sie faktisch, in der tatsächlichen individuellen Lebenssituation ein Wert sind. Der Wert des Antibiotikums z.B. ist nur dann gegeben, wenn das Leben, das durch das Antibiotikum gerettet wird, selbst wieder ein Wert ist, der nicht mehr hinterfragt werden muss.

Erst die Positivität des Fühlens durch die Attractio beendet dieses Hinterfragen auf den letzten Wert, weil der Wert der Attractio selbstevident ist.

Moralische Regeln im Sinne Emotionaler Intelligenz sind solche Regeln, die in der Gemeinschaft Positivität fördern. Wird dem emotionalen System, in dem alle miteinander leben, viel positives Verhalten „zugeführt", dann wächst damit auch die Wahrscheinlichkeit, dass der Einzelne von dieser Positivität profitiert.

Wird in dem emotionalen System, in dem alle miteinander leben, viel negatives Verhalten erzeugt, dann nimmt damit auch die Gefahr und Wahrscheinlichkeit zu, dass der Einzelne Negativität erfährt. Emotionale Negativität hat dabei vielfache Wechsel- und Langzeitwirkungen mit unserem emotionalen System insgesamt.

Sich moralisch zu verhalten, bedeutet im Kern: den anderen nicht grundlos in seinen Attractio-Erfahrungen zu behindern, ihn stattdessen sogar dabei zu unterstützen – vor allem aber ihn nicht nur um der eigenen Attractio-Erfahrung Aversio-Erfahrungen auszuliefern.

Emotionale Desorientiertheit und Selbstentfremdung lassen sich ebenfalls am klarsten mit dem Attractio-Aversio-Prinzip charakterisieren. Emotional desorientiert und selbstentfremdet sind wir dann, wenn nicht auf die Realisierung der Attractio und die Vermeidung der Aversio ausgerichtet sind – und von intuitiv in diese Richtung gehendem Verhalten abgesehen natürlich auch, wenn wir nicht um dieses Prinzip wissen.

Unsere gegenwärtige Destruktivität und Desorientiertheit beruht zu einem nicht geringen Teil auf der Unkenntnis elementarer emotionaler Lebensprinzipien.

WEITERE TITEL VON
PETER SCHMIDT

Die Kraft der positiven Gefühle
Mit neuen Mentaltechniken innerlich
frei werden

Warum wir nicht so gut sind, wie wir
sein könnten

Montag oder Die Reise nach innen

EQ-Training
Die Praxis der Emotionalen Intelligenz

Stehen Sie drüber!
Sich sekundenschnell von emotionalen
Problemen befreien

Mythos Emotionale Intelligenz
Einführung in die Psychologie des
Fühlens und Bewertens

Anmerkungen

[1] Vergl. dazu: Peter Schmidt: *Die Kraft der positiven Gefühle*. dtv München, 2. Auflage 2002, Kapitel „Körper-Desensibilisierung" und „Problem-Desensibilisierung".

[2] a. a. O. S. 13 ff u. 144 ff.

[3] a. O. S. 77 ff, S. 184 ff; vergl. dazu auch: Peter Schmidt: *EQ-Training. Die Praxis der Emotionalen Intelligenz*, Langen Müller, München 1999.

[4] Man kann die Aversion gegen Gerüche auch desensibilisieren, ohne dass darunter die eigentliche Geruchsqualität leidet.

[5] SPIEGEL ONLINE, 20.10.2003 (http://www.spiegel.de/wissenschaft/-mensch/0,1518,269038,00)

[6] Zitiert nach: Joachim Fest: *Der Untergang. Hitler und das Ende des Dritten Reiches*, Berlin 2002.

[7] Sieht man einmal von dem wahrscheinlich eher selten Fall ab, dass Abneigung gegen uneheliche Geburten zufällig gegeben ist.

[8] Auch die Moral lässt sich letztlich plausibel nur durch Vermehrung von Attractio und Verminderung von Aversio begründen.

[9] Vergl. dazu P. Schmidt: *Die Kraft der positiven Gefühle. dtv München, 2. Auflage 2002*, Kapitel 23 ff.

[10] Vergl. dazu Kapitel „Problem-Desensibilisierung" in: P. Schmidt: *Die Kraft der positiven Gefühle. dtv München, 2. Auflage 2002*.

[11] a.a.O.

[12] Vergl. dazu: Peter Schmidt: *Stehen Sie drüber! Sich sekundenschnell von emotionalen Problemen befreien*, mvg-Verlag München 2002.

[13] Zum ersten Mal wurde diese These meines Wissens in meiner Arbeit: *EQ-Training. Die Praxis der Emotionalen Intelligenz*, Langen Müller München 1999 vertreten.

[14] Vergl. dazu: Peter Schmidt: *Stehen Sie drüber! Sich sekundenschnell von emotionalen Problemen befreien*, mvg-Verlag München 2002.

[15] Sigmund Freud: *Das Unbehagen in der Kultur*, Frankfurt 1969.

[16] Daniel Goleman: *EQ2. Der Erfolgsquotient*, München1999.

[17] Goleman in einem Interview 1999.

[18] Antonio R. Damasio: *Descartes' Irrtum. Fühlen, Denken und das menschliche Gehirn*, München 2002, S.193.

[19] Peter Schmidt: *EQ-Training. Die Praxis der Emotionalen Intelligenz*, Langen Müller München 1999, Übersetzung ins Niederländische, Boch & Keun, Baarn 2000; Übersetzung ins Polnische, Wydawnictwo Amber, Warschau 2000; ders.: *Die Kraft der positiven Gefühle. Mit neuen Mentaltechniken innerlich frei werden*, dtv München, 12/2001; ders.: *Stehen*

Sie drüber! Sich sekundenschnell von emotionalen Problemen befreien, mvg-Verlag München 2002.

[20] Robert C. Solomon: *Gefühle und der Sinn des Lebens*, Frankfurt am Main 2000, S. 109.

[21] Dies ist kein Rückfall in alte Elementarpsychologie in Unterschied zur Ganzheitspsychologie, sondern lässt sich phänomenologisch aufweisen. Auch die Ganzheits- oder Gestaltpsychologie benötigt Elemente, aus denen sich die gestalt zusammensetzt.

[22] Aristoteles, *Nikomachische Ethik*, Stuttgart 1969.

[23] Vergl. dazu auch: Peter Schmidt: *EQ-Training - Die Praxis der Emotionalen Intelligenz*, München 1999, Kapitel 8, „Glück und Gefühl", S.30 f.

[24] Nicolai Hartmann: *Ethik*, Berlin 1962.

[25] Philosophisch kann man hier von den beiden grundlegendsten ontologischen Kategorien für das menschliche Leben sprechen.

[26] P. Schmidt, a.a.O.

[27] Vergl. dazu vor allem: Peter Schmidt: *Die Kraft der positiven Gefühle. Mit neuen Mentaltechniken innerlich frei werden*, dtv München, 12/2001.

[28] Hobbes *Leviathan*: „This endeavour, when it is toward something which causes it, is called appetite, or desire" ... - „And when the endeavour is from ward something, it is generally called aversion." – „These words appetite and aversion we have from the Latins; and they both of them signify the motions, one of approaching, the other of retiring." – „And consequently all appetite, desire, and love is accompanied with some delight more or less; and all hatred and aversion with more or less displeasure and offence."

Bei Hobbes fehlt die Kontingenz von Attractio und Aversio. Gerade diese Kontingenz führt aber ständig zu falschen Wertverallgemeinerungen. Da Attractio und Aversio kontingente Phänomene sind, ist die Voraussagbarkeit vieler Werte-illusionär. Es fehlt bei Hobbes auch die Einsicht, dass viele Wertwahrnehmungen Synthesen (Ganzheitsqualitäten) aus „am Objekt" erscheinenden Gegebenheiten und Gefühlen sind. Es fehlt ferner die Beobachtung, dass die Attractio im Gefühl, in der Emotion, der Stimmung, dem Affekt, dem Wertfühlen, den Leidenschaften usw. identisch ist.

Hinsichtlich der Kontingenz ist Hobbes jedoch nahe am Thema: „And because the constitution of a man's body is in continual mutation, it is impossible that all the same things should always cause in him the same appetites and aversions: much less can all men consent in the desire of almost any one and the same object."